Das
Traumwelten
Buch

Susanne Steffe

Das Traumwelten Buch

Total verrückte Geschichten, Kreativideen, Rollenspiele & Aktionen

Mit Illustrationen von Katja Jäger

HERDER

FREIBURG · BASEL · WIEN

MIX
Paper from
responsible sources
FSC® C010798

© Verlag Herder GmbH, Freiburg im Breisgau 2015
Alle Rechte vorbehalten
www.herder.de

Umschlaggestaltung: SchwarzwaldMädel, Simonswald
Umschlag- und Textillustrationen: Katja Jäger

Satz und Gestaltung: Arnold & Domnick, Leipzig
Herstellung: Graspo CZ, Zlín
Printed in the Czech Republic

ISBN 978-3-451-34233-2

INHALT

Herzlich willkommen in den Traumwelten!

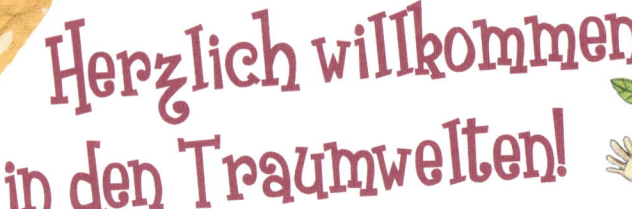

Nimm dir Zeit, um zu träumen.
Das ist der Weg zu den Sternen

Aus Irland

Mit diesem Buch möchte ich Pädagogische Fachkräfte, Eltern und alle anderen Interessierten herzlich einladen, mit Kindern gemeinsam auf große Fantasiereise zu gehen.

Vier verschiedene Traumwelten mit Mitmach- und Vorlesegeschichten, seltsamen Wesen, neuen Kreativideen und jeder Menge Aktionen warten darauf, erkundet zu werden.

Die einzelnen Kapitel beinhalten viele spielpädagogisch durchdachte Angebote, die nicht nur kindliche Fantasie und Kreativität fördern, sondern auch kognitive und soziale Kompetenzen stärken.

„Fantasie ist wichtiger als Wissen. Wissen ist begrenzt, Fantasie aber umfasst die ganze Welt."

Diese Aussage Albert Einsteins bringt es auch in der heutigen Informations- und Wissensgesellschaft absolut „auf den Punkt." Um die Herausforderungen unserer Zeit meistern zu können, brauchen die Erwachsenen der Zukunft ganz sicher eines: Fantasie. Einfallsreiche Menschen mit der Fähigkeit zu träumen haben auch meist gute Ideen für Problemlösungen aller Art.

Fantasie entwickelt sich bei Kindern im Spiel und in Geschichten, in einem möglichst breiten Spektrum an Sinneserfahrungen und in künstlerischen Aktivitäten.

Das Vorhandensein von Vorstellungskraft ist wiederum die Voraussetzung für die Entwicklung von sogenannten „Metakompetenzen."

Experten verstehen darunter: vorausschauendes Denken und Handeln, die Fähigkeit, Folgen abzuschätzen, Probleme zu beleuchten, Lösungen durchzuspielen, Aufmerksamkeit gezielt auf etwas zu richten sowie Prioritäten zu setzen, Fehler einzusehen und auch zu korrigieren.

Ziel dieses Buches ist es, mit viel Spaß und Spiel kindliche Neugier, den Entdecker- und Forschergeist zu wecken, die Freude am Schauen und Suchen zu fördern und zu erhalten. Nur wenn Kinder forschen und entdecken dürfen, können sich Fantasie und Kreativität entfalten. So lassen sich günstige Voraussetzungen für eine erfolgreiche Entwicklung der Kinder schaffen.

Mit diesem Buch möchte ich einen kleinen Beitrag dazu leisten, Kinder in einem guten Klima von geistiger Offenheit und Freiheit zu fördern. Kinder brauchen Erwachsene, die ihnen Freiräume bieten. Und sie brauchen Traumwelten.

Susanne Steffe

Praktischer Wegweiser durch die Traumwelten

Vier sehr verschiedene „Traumwelten" bilden den Inhalt dieses Buches: Reisen Sie mit den Kindern ins Blubberland, Drachenland, Traumland oder ins Andersrumland. Im weitesten Sinne sind diese Traumwelten den Elementen Wasser, Feuer, Luft und Erde zugeordnet.

Alle vier „Kapitel" eröffnen zahlreiche Möglichkeiten, Fantasiewelten und -gestalten im spielpädagogischen Bereich sinnvoll einzusetzen.

Zu jedem Kapitel gibt es eine einleitende Vorlesegeschichte, spannende, witzige oder verrückte Mitmach-Aktionen, Spiele, Basteleien usw.

Im ersten Kapitel geht es ins **Blubberland**. Der Eingang zu dieser zauberhaften Unterwasser-Traumwelt wird von der schlauen Krake Lilo bewacht. Als Eintrittskarte gilt eine selbst gebastelte Fischkarte. Die Kinder können Wassergeräusche ausprobieren und eine witzige Klanggeschichte zur Förderung der auditiven Wahrnehmung rund um Wolle Wassermann und seine Freunde akustisch begleiten. Eine andere Geschichte handelt vom geklauten Blubberfisch. Auch da können die Kinder aktiv werden. Außerdem gibt es eine kleine Rallye rund um die verlorenen Eier der Zauberfische und eine Anleitung für eine Mini-Unterwasserwelt zur Anregung der Spielfantasie. Bewegungsspiele, ein Gedicht von Hugo Ball, eine Seepferdeshow und ein tolles Unterwasserfest mit vielen Aktionen inklusive Reimen und Spielchen für die Kleinsten machen den Ausflug in die Wasserwelt zu einem spannenden Erlebnis.

Kapitel zwei entführt mit viel Spiel und Spaß ins feurige **Drachenland**. Dort wartet Fuego, der kleine Glücksdrache, und lädt zu vielen bewegten Drachen-Familienspielen ein. Auch ein Räucherdrache wird unter Aufsicht gebastelt, sodass die Kinder mit dem Element Feuer praktisch in Berührung kommen können. Ganz nebenbei entführt der kleine freche Drache in einer Spielgeschichte die kostbaren Eier der Drachenkönigin Kristina Kristallina. Vorher gibt es Gelegenheit, in einer spannenden Eier-Herstellungsaktion den Prozess der Kristallisation zu entdecken. In einer anderen Geschichte zur Anregung der Fantasie, die die Kinder zum Teil selbst erfinden, hat der kleine Drache seine Zacken verloren. Und auch in diesem Kapitel gibt es wieder Ideen für ein attraktives Drachenfest mit Leckereien, Spielen und einer Kreativecke.

Danach lädt in Kapitel drei das kleine Einhorn Silberlocke alle Kinder ins märchenhafte **Traumland** ein. Das befindet sich hoch oben hinter dem Regenbogen ... Die Hinreise erfolgt mittels einer Mitmach-Geschichte auf einem fliegenden Teppich. Es gibt dort viele bewegte Spielaktionen rund um Mond und Sternenkinder und ein sehr witziges Mitmach-Märchen, das vom quirligen Luftikus und seinen drei Töchtern handelt. Hierbei werden auditive Wahrnehmung und Spracherwerb gefördert.

Außerdem ist auch ein Angebot für eine alle Sinne ansprechende nächtliche Rallye „draußen" enthalten. Im Traumland bietet sich aber auch Gelegenheit, auf einem Traumkissen zur Ruhe zu kommen und der Vorlesegeschichte von „Silberlockes fantastischer Traumreise" zu lauschen, bevor es mit der Rakete wieder nach Hause geht.

Im vierten Kapitel schließlich warten im seltsamen **Andersrumland** über und unter der Erde Fantasiegestalten wie Lümmelgnome, Tollpatschtrolle und Knuffelkobolde. Hier ist alles etwas anders, und es werden Regeln in Frage gestellt. Schließlich kann man die Dinge auch mal anders angehen, oder?

Um hinzukommen, geht es mit fünf zu lösenden Aufgaben durch fünf Tunnel. Danach folgt eine Mitmach-Rundreise mit dem einheimischen Reiseleiter „Reismalmit" sowie Spiele und eine Rallye rund um Schätze. Außerdem spannende Andersrum-Kinderspiele und in Anbetracht der Verfressenheit der Bewohner auch einige Spiele rund ums Essen. Zum Schluss beendet eine Anleitung für ein „Mini-Andersrumland" zum freien Spiel die Reise in die fantastischen Traumwelten.

> *Gebt dem kleinen Kinde einen dürren Zweig, es wird in seiner Fantasie Rosen daraus sprießen lassen. Gebt ihm ein Rosenblatt, und es wird auf dem Wasser ein Wunderschiffchen bewegen.*
>
> *Jean Paul (1763–1825), d. i. Johann Paul Friedrich Richter, deutscher Dichter, Publizist und Pädagoge*

IM UNTERWASSER-BLUBBERLAND – DA PASSIERT SO ALLERHAND

Blubb, blubb. Ich bin der Blubberfisch.

Blubb, blubb. Könnt ihr auch blubbern? Versucht es mal! Ja, das funktioniert ja schon ganz gut. Da habt ihr sicherlich Lust, mitzukommen ins Blubberland!

Aber halt! Ihr habt ja noch keine Fischkarte. Das ist unsere Eintrittskarte. Und dann gibt es da noch so eine kleine Prüfung ... Aber nichts Schwieriges.

Da werdet ihr dann Lilo Krake kennenlernen. Die ist sehr, sehr cool. Total schlau und freundlich.

Lilo Krake bewacht eine Schatztruhe. Und den Eingang zum Blubberland.

Ich werde euch begleiten. Blubb, blubb. Ich bin der Blubberfisch

Und dann trefft ihr noch viele andere Blubberland-Bewohner: Adele, die flotte Makrele, Jonathan Walfisch, die kleine Nixe Pitschipatsch und Wolle Wassermann. Den Namen müsst ihr euch merken. Der ist eine Blubb-Person im Blubberland, also eine Hauptperson. Steht immer gerne im Mittelpunkt.

Und das, obwohl Wolle Wassermann nicht der einzige Wassermann ist in Blubberland. Da gibt es nämlich noch Onkel Wassermann. Der hat einen goldenen Blubberfisch. So ein goldener Blubberfisch ist im Blubberland etwas ganz Besonderes.

Blubb, blubb. Ich bin ja auch ein Blubberfisch, aber kein goldener. Zum Glück! Die Frechnixen haben es nämlich auf den goldenen Blubberfisch abgesehen und versuchen, ihn zu klauen. Leider geht das manchmal schief. Und ohne seinen goldenen Blubberfisch ist Onkel Wassermann sehr traurig und weint salzige Tränen. Ihr könnt aber mithelfen, den goldenen Blubberfisch wiederzufinden!

Ihr merkt schon, es geht ganz schön abenteuerlich zu im Blubberland. Ruhig ist es da nicht. Manchmal gibt es sogar einen richtigen Sturm. Und wenn der die kostbaren Eier der Zauberfische aus dem Nest weht, dann müssen alle wieder eingesammelt und in ihr Nest zurückgebracht werden. Warum? Ist doch klar. Ohne Eier gibt es keine Zauber-fischkinder. Und da müssen dann alle Blubberland-Besucher mithelfen.

Na? Klingt doch schon ganz spannend, oder?

Aber das ist noch nicht alles, was euch im Blubberland erwartet: Ihr lernt die geheim-nisvolle Unterwassersprache, spielt das Lieblingsspiel der Wassermänner, und ihr könnt bei einer Seepferdeshow mitmachen.

Außerdem feiern wir zusammen ein tolles Blubberlandfest mit Musik, Verkleidung, Spielen, Tanz, und vielen Attraktionen. Da gibt es super leckere Blubberland-Party-Leckereien. Lasst euch überraschen.

Blubb, blubb. Ich bin der Blubberfisch.

Nun hab ich aber wirklich genug geblubbert.

Blubb, blubb. Viel Spaß in Blubberland.

Auf Wiedersehen.

Ich bin der Blubberfisch.

Und ich schwimme jetzt weiter.

Blubb.

Auf geht's ins Blubberland

Eine kleine Kreativaktion und ein Spielchen zur Förderung der auditiven Wahrnehmung und Konzentrationsfähigkeit dienen als „Eintrittskarte" ins Blubberland. Das Spiel lässt sich gut als Anfangsritual für weitere Blubberland-Aktionen einsetzen, um die Aufmerksamkeitsbereitschaft der Kinder auf eine Mitmach-, Vorlese- oder wie hier als Nächstes eine Klanggeschichte zu wecken.

Fischkarte gestalten

Alter: ab 3 Jahren
Material: DIN-A5-Papier, Buntstifte, Scheren

Jedes Kind malt einen kunterbunten Fantasiefisch auf ein Blatt DIN-A-5-Papier und schneidet ihn aus.
Die Fischkarten werden in einem großen Glasgefäß gesammelt. Im folgenden Spiel bekommt jedes Kind die selbst gestaltete Karte als Eintrittskarte überreicht oder die Karten werden gemischt verteilt. Das entscheiden die Kinder.

Wassertest mit Lilo Krake

Alter: ab 3 Jahren
Material: 2 große Gläser, Wasser, die „Eintrittskarten" (siehe oben)
Die Kinder sitzen im Kreis. Die Spielleitung übernimmt die Rolle von Lilo Krake und stellt das Spiel vor:

Hallo Kinder. Ich bin Lilo Krake.
Ich bewache mit meinen vielen Armen den Eingang ins Blubberland.
Soso. Ihr wollt also auch dorthin. Hmmm?
Wollt wohl was ganz Besonderes erleben?
Eine Fischkarte aus Papier habt ihr ja schon.
Aber damit die auch als Eintrittskarte funktioniert, möchte ich gerne testen, ob ihr schon etwas über das Blubberland wisst. Erst dann kann ich meine Krakenarme zurückziehen und euch einlassen.
Was ist im Blubberland wichtig? Wasser! Kennt ihr euch mit Wasser aus?

Das ist ganz wichtig in Blubberland.

Also: Setzt euch ganz still im Kreis hin.

Psssst.

Ich habe hier zwei Gläser. Eins ist mit Wasser gefüllt. Das andere ist leer.

So. Nun stelle ich mich vor *(Namen des Kindes einsetzen, vor das sich die Spielleitung stellt)*. Hallo *(Namen einsetzen)*. Bitte schließ die Augen. Aber nicht schummeln!

Ich lasse jetzt das Wasser von einem Glas ins andere laufen.

Hör gut zu.

Sag „Stopp", wenn du denkst, dass das Glas voll ist.

Und los.

...

Augen auf. Ja, sehr gut. Bravo. Willkommen im Blubberland *(Namen einsetzen)*.

Hier ist deine Eintrittskarte.

Die Spielleitung übergibt die Fischkarte und geht weiter zum nächsten Kind. Die Aktion wird fortgesetzt wie oben beschrieben, bis alle Kinder an der Reihe waren und jeder seine Eintrittskarte hat.

Wolle Wassermann und seine Freunde

Die folgende Mitmach-Klanggeschichte entführt die Kinder in die bunte Unterwasser-Fantasiewelt von Blubberland. Sie lernen die unterschiedlichen Bewohner kennen. Zum Einstieg experimentieren die Kinder zunächst mit Wasser und probieren aus, welche Wassergeräusche sie erzeugen können.

Experimentieren: Wassergeräusche

Die Kinder machen sich mit den Geräuscherzeugern vertraut und probieren herum.

Alter: ab 6 Jahren
Material: Eimer, Trichter, Trinkhalme, Folie, Tablett mit 6 verschieden hoch mit Wasser befüllten Gläsern

Die Kinder versuchen mit dem Material, so viele Wassergeräusche wie möglich zu erzeugen: blubbern, gurgeln, tropfen, schütten, in den Trichter ins Wasser sprechen, auf das Wasser klatschen, auf Folie quietschen.
Dann feuchten sie den Zeigefinger an und fahren damit um den Rand der Gläser herum. Klingt das nicht wie Nixengesang?

Klanggeschichte: Mit Wolle Wassermann ins Blubberland

Alter: ab 6 Jahren / 6–12 Kinder
Material: Eimer, Trichter, Trinkhalme, Folie, Tablett mit 6 verschieden hoch mit Wasser befüllten Gläsern

Erster Durchgang: *Die Spielleitung liest zunächst die Geschichte vor und die Kinder hören zu. Anschließend werden die Rollen verteilt. Spielen mehr als sieben Kinder mit, teilen sich mehrere eine Rolle. Sie üben ein wenig.*
Zweiter Durchgang: *Die Kinder begleiten das Geschehen nun ihrer Rolle entsprechend mit den verschiedenen Wasser- Körper- und Stimmklängen. Das geht ganz einfach. Immer nach dem (fett gedruckten) Namen eines Blubberlandbewohners macht die Spielleitung beim Vorlesen eine kurze Pause, und dann ...*
Zum Schluss werden alle hoffentlich vor Freude blubbern und vor Spaß quietschen.

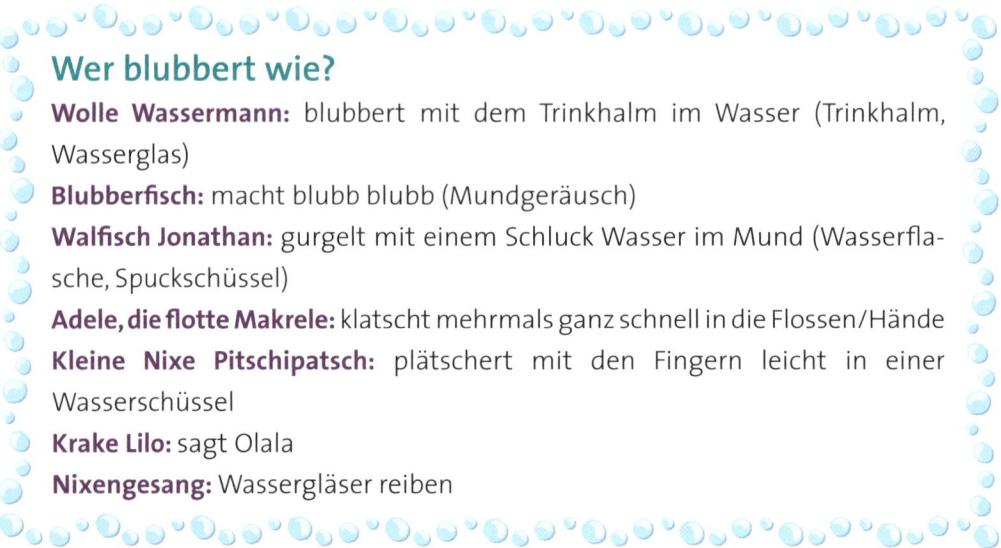

Wer blubbert wie?

Wolle Wassermann: blubbert mit dem Trinkhalm im Wasser (Trinkhalm, Wasserglas)

Blubberfisch: macht blubb blubb (Mundgeräusch)

Walfisch Jonathan: gurgelt mit einem Schluck Wasser im Mund (Wasserflasche, Spuckschüssel)

Adele, die flotte Makrele: klatscht mehrmals ganz schnell in die Flossen/Hände

Kleine Nixe Pitschipatsch: plätschert mit den Fingern leicht in einer Wasserschüssel

Krake Lilo: sagt Olala

Nixengesang: Wassergläser reiben

Die Klanggeschichte

Es ist noch ganz früh am Morgen. In Blubberland geht gerade die Sonne auf.

Wolle Wassermann öffnet vorsichtig seine Schlafmuschel.

„Huhu. **Wolle Wassermann!**", ruft es aus dem Algenwäldchen.

Das ist **Adele, die flotte Makrele**. Aufgeregt saust sie kreuz und quer durch den Wald. Mühsam zwängt **Wolle Wassermann** sich aus der Muschel.

Adele, die flotte Makrele, kommt angeflitzt und saust um **Wolle Wassermann** herum.

„He, was ist denn los?", fragt **Wolle Wassermann**. „Mach doch hier nicht so 'ne Welle."

„Mach nicht so 'ne Welle. Mach nicht so 'ne Welle", ruft ganz empört **Adele, die flotte Makrele**.

„**Wolle Wassermann**. Du weißt wohl nicht, was heute los ist!?"

„Nein", brummelt **Wolle Wassermann**. „Was ist denn heute los?"

„Das verrat ich dir nicht. So, das hast du jetzt davon", ärgert sich **Adele, die flotte Makrele**. Sie dreht sich um und saust davon wie ein silberner Pfeil. Weg ist sie.

„Puh", seufzt **Wolle Wassermann** und setzt sich auf seine Muschel.

Plötzlich sieht er den Blubberfisch.

„Hallo Blubberfisch", begrüßt ihn **Wolle Wassermann**. „Guten Morgen!"

Aber der Blubberfisch antwortet nicht. Er guckt nicht mal zu ihm hin. Hat es wohl eilig und schwimmt schnell vorbei.

„He, **Blubberfisch**, was ist denn hier los?", ruft **Wolle Wassermann** hinter ihm her. Aber der Blubberfisch ist schon weg.

Ratlos sitzt **Wolle Wassermann** auf seiner Muschel.

Da schwebt die **Krake Lilo** vor ihm durch das klare Wasser. Elegant schlängelt sie mit

ihren Armen und wirft ihm eine Kusshand zu. „Hallo, **Wolle Wassermann**. Schätzchen, huhu. Hab keine Zeit. Muss dringend weiter." Und weg ist **Lilo Krake**.

Als Nächstes schwimmt **Walfisch Jonathan** an **Wolle Wassermann** vorbei. „He, **Walfisch Jonathan**, was ist denn heute los in Blubberland?", fragt ihn **Wolle Wassermann**. **Walfisch Jonathan** gurgelt nur vorwurfsvoll: „Also ehrlich, **Wolle Wassermann**. Jeder in Blubberland weiß doch, was heute los ist." **Walfisch Jonathan** winkt mit einer riesigen Flosse und verschwindet. Weg ist er.

Ratlos sitzt **Wolle Wassermann** auf seiner Muschel. Die bunten Seeanemonen neben ihm wiegen sich sanft in den Wellen. Um ihn herum ist es ganz still.
Nur ganz in der Ferne hört er leise den wunderbaren **Nixengesang**.
Plötzlich weiß **Wolle Wassermann**, was heute los ist im Blubberland. Er lauscht dem **Nixengesang**, und da fällt es ihm wie Schuppen von den Augen.
Na klar. Heute versammelt sich wie seit ewigen Zeiten der Chor der Blubbernixen.
Heute ist doch die große Prüfung der Jungnixen im **Nixengesang**.
Und mit dabei ist **Wolle Wassermann**s beste Freundin: die kleine **Nixe Pitschipatsch**.
Das würde sie ihm übelnehmen, wenn er ihren **Nixengesang** verpasst.
„Beim oberzackigen Seestern", ärgert sich **Wolle Wassermann**. „Wie konnte ich das nur vergessen? Ich muss wohl Algen im Kopf haben. Alle anderen sind schon dort. Nur ich hab hier festgesessen wie 'ne Auster. Jetzt aber flutschefix, nix wie hin."
Und so schnell er kann, pflügt **Wolle Wassermann** durch die Wellen.
Zwischendurch bleibt er nur kurz stehen, um dem **Nixengesang** zu lauschen.
Ja, er ist auf dem richtigen Weg.
Der **Nixengesang** wird lauter.
Und dann ist **Wolle Wassermann** angekommen.
Gerade noch rechtzeitig.
Da freut sich die kleine **Nixe Pitschipatsch** aber, dass ihr bester Freund endlich da ist.
Fröhlich winkt sie **Wolle Wassermann** zu und tritt vor den Chor der Nixen.
Die kleine **Nixe Pitschipatsch** hat gar keine Angst vor der Prüfung.
Das braucht sie auch nicht.
Wolle Wassermann schließt die Augen.
Die kleine **Nixe Pitschipatsch** fängt an zu singen.
Und wisst ihr was? Sie singt so gut, dass sie sogar Menschen verzaubern kann mit ihrem **Nixengesang**.

1. Blubberland-Abenteuer: Die Suche nach dem goldenen Blubberfisch

Diese fantasievolle Spielaktion umfasst Bastelei, Gesang, Spiel und Geblubber. Sie kann drinnen oder draußen durchgeführt werden. Mit allen Sinnen und viel Spannung tauchen die Kinder ein ins erste Blubberland-Abenteuer. Das macht nicht nur Spaß, sondern unterstützt sie in ihrer musikalischen, motorischen und sozialen Entwicklung.

Im Blubberland ist Onkel Wassermanns großer goldener Blubberfisch verschwunden. Dieser Zauberfisch, der bei Onkel Wassermann zu Hause an der Wand hängt, ist aus feinstem Porzellan. Aber er kann trotzdem blubbern. Die Frechnixen haben es auf ihn abgesehen. Immer wieder mal versuchen sie, ihn zu stibitzen, um mit ihm zu spielen. Eines Tages passiert dabei ein großes Malheur. Der goldene Blubberfisch sinkt auf den Meeresgrund und zerbricht. Was tun? Onkel Wassermann weint salzige Tränen. Und dann bittet er die Wassermannkinder um Hilfe. Die suchen die Teile des Blubberfischs und versuchen, ihn wieder zusammenzusetzen. Das ist aber gar nicht so einfach, denn sie müssen noch den Zauber der Frechnixen lösen ...

Alter: ab 4 Jahren
Material: Blubberfisch, Vorlesetext für die Obernixe Spielleitung

Vorbereitung (Spielleitung): Blubberfisch basteln
Material: 1 DIN-A3-Bogen goldfarbener Tonkarton, Schere, Stift, 3 Briefumschläge

Auf den Karton mit Stift einen tollen Fisch malen und mit der Schere wie ein Puzzle in drei mehr Teile zerschneiden als Kinder mitspielen. Das ist der Blubberfisch des Wassermanns.

Die Spielleitung sucht einen passenden Spielbereich drinnen oder draußen. Dort versteckt sie alle Teile des Fisches bis auf drei. Diese Teile jeweils in einen Briefumschlag stecken.

SUCHSPIEL: DER ZERBROCHENE GOLDENE BLUBBERFISCH

Die Spielleitung tritt als Obernixe auf. Sie darf die Geschichte vom Blatt ablesen.

Obernixe: Unverschämtheit!

Freche kleine Nixen wollten Onkel Wassermanns goldenen Blubberfisch klauen, um damit zu spielen!

Diese Nixen haben nichts als Unfug in ihren hübschen Köpfen.

Aber die schlauen Krakenwächter haben sie ertappt. Doch diese flinken Nixlein sind ja glitschiger als junge Heringe. Die Kraken konnten sie nicht festhalten.

Und so haben sich die Nixen – flutsch – davongemacht.

Dabei ist dann der goldene Fisch auf den Meeresgrund gesunken und in viele Teile zerbrochen.

Oh je! Was für ein Malheur!

Jetzt sind die Scherben überall verstreut.

Onkel Wassermann ist sehr, sehr traurig. Er blubbert doch so gerne mit seinem Blubberfisch. Und das geht jetzt nicht mehr.

Hallo ihr Wassermannkinder! Ihr müsst ihm helfen.

Sucht die verlorenen Teile und fügt den goldenen Fisch wieder zusammen!

Die Kinder suchen die versteckten Teile und versuchen dann, den Fisch zusammenzusetzen. Dabei stellen sie fest, dass drei Teile fehlen.

Obernixe: Das habt ihr sehr gut gemacht. Aber drei Teile, liebe Wassermannkinder, haben die Nixen mitgenommen. Ich konnte sie ihnen abnehmen, aber …

Die Obernixe Spielleitung hält die drei Umschläge hoch.

Obernixe: Aber leider ist es den kleinen Frechnixen gelungen, diese Teile blitzschnell zu verzaubern. Zum Glück kenne ich den Gegenzauber. Ihr müsst drei Aufgaben erfüllen, dann kann der Zauber gebrochen werden.

Gegenzauber 1: Nixenlied
Die Melodie des Liedes – Alle meine Entchen – ist bekannt. (Im Blubberland schwimmen Nixen, die statt Entenschwänzchen eben eine Flosse haben.)

Alle kleinen Nixlein
schwimmen in dem See,
schwimmen in dem See,
Köpfchen unter Wasser,
Flossen in die Höh.

Die Kinder singen das Lied und „schwimmen" dabei durch den Raum (Arme bewegen).
Bei „Flossen in die Höh" in den Vierfüßlerstand gehen und den Popo in die Luft strecken.

Gegenzauber 2: Das Nixen-Blubber-Lied

Das Nixenlied ohne Text, aber mit „blubb" singen. Dazu wie oben beschrieben durch den Raum „schwimmen".

Gegenzauber 3: „Nix in der Grube"

Dieses Spielchen haben schon unsere Großeltern gespielt. Das Lied wird nach der allseits bekannten Melodie von „Häschen in der Grube" gesungen.

Nix in der Grube,
du bist ein böser Bube!
Wasche deine Beinchen
mit roten Ziegelsteinchen!
Nix greif zu!

Die Kinder bilden einen Spielkreis. In der Kreismitte ist die „Grube". Ein Kind wird als „Nix" ausgewählt und kauert sich in die „Grube".
Die anderen gehen das Sprüchlein singend oder skandierend im Kreis herum.
Bei „Nix greif zu" schnappt sich der „Nix" eins der Kreiskinder, welches dann als neuer „Nix" in die „Grube" geht.

Wenn die Obernixe zufrieden ist, rückt sie die restlichen Teile des goldenen Blubberfisches heraus, und die Wassermannkinder können ihn nun ganz zusammensetzen. Und dann gehts weiter:

Obernixe: Da freut sich der Wassermann aber! Jetzt kann er endlich wieder mit seinem Blubberfisch blubbern.
Und wer ihm geholfen hat, darf auch mitblubbern. Das geht so:

Sprachspiel: Blubbern mit dem Blubberfischen

Spaß mit Nonsens: aber so sinnlos ist das lustige Blubbern gar nicht. Die Kinder testen mit dieser Silbenfolge verschiedene Betonungen und Lautstärken aus: Bei blubb-blubb blubbern die Kinder mit. Zuerst liest die Spielleitung vor, dann probieren die Kinder verschiedene Blubb-blubbs aus. Mal hoch wie ein Minifischlein, mal tief wie ein großer Fisch, langsam oder schnell. Wie blubbert denn ein müder Fisch? Oder ein fröhlicher?

Blubb-blubb (Kinder blubbern)

Hallo.
Hier ist der
Blubb-blubb
Blubberfisch.
Ich wohne im
Blubb-blubb
Blubberland
Blubb-blubb
Und blubber
Blubb-blubb
Mit dem
Blubb-blubb
Wassermann.
Könnt ihr auch
Blubb-blubb-
blubbern?

Blubb-blubb. Blubb-blubb.
Blubb-blubb. Blubb-blubb.

Blubberige Blumen blubbern
Blubb-blubb
im Blubberland.
Blubb-blubb

Bewegungsspiel: Onkel Wassermanns Lieblingsspiel

Onkel Wassermann ist wieder glücklich. Jetzt möchte er mit den Kindern im Blubberland sein Lieblingsspiel spielen. Das spielt er immer wieder gerne. Wenn er glücklich ist oder einfach mal zwischendurch.

Das Bewegungsspiel passt auch gut zu einer Unterwasserparty oder einem Blubberlandfest und sorgt bei großen und kleinen Wasser- und Menschenwesen für jede Menge Bewegung und gute Laune.

Alter: ab 5 Jahren

Wassermann, wie tief ist das Wasser?

Die blubberige Abwandlung eines bewährten und bekannten Spieles

Eine Start- und eine Ziellinie in einem Abstand von 8 m oder je nach Alter der Kinder auch geringer festlegen. Die kleinen Nixen stellen sich nebeneinander an der Startlinie auf. Ein Kind spielt Onkel Wassermann und stellt sich hinter die Ziellinie.
Die Nixen an der Startlinie rufen:
„Wassermann, Wassermann, wie tief ist das Wasser?"
Onkel Wassermann denkt sich eine Wassertiefe aus und antwortet z. B.:
„Ein Meter!" (oder „zehn Meter" oder „hundert Meter")
Die Nixenkinder an der Startlinie rufen zurück:
„Wie kommen wir da rüber?"
Nun denkt sich Onkel Wassermann eine Fortbewegungsart aus und antwortet z. B.:
„Ihr müsst schlängeln!" (oder schwimmen, auf einem Bein hüpfen, laufen, kriechen, rückwärtsgehen, große Schritte machen, kleine Schrittchen, im Seitgalopp etc.)
Sobald Onkel Wassermann die Bewegungsart festgelegt hat, laufen alle Nixen los.
Und auch der Wassermann bewegt sich den Meerjungfrauen entgegen. Dabei versucht er, möglichst viele Nixenkinder zu fangen. Die Gefangenen gehen dann zusammen mit Onkel Wassermann hinter die ursprüngliche Startlinie.
Die Spieler, die es geschafft haben, sich hinter die Ziellinie zu retten, können nicht mehr gefangen werden.
Nun sind die Seiten getauscht und das Spiel beginnt erneut. Dieses Mal fangen aber die „Gefangenen" mit dem Wassermann mit.
Wenn alle Kinder gefangen sind, ist das Spiel zu Ende.

Kurzform: Wassermann, mit welcher Farbe darf ich über den Ozean?

Ein Kind ist der Wassermann. Die anderen stehen in einer vorher festgelegten Entfernung in einer Reihe nebeneinander.

Die Kinder rufen:

„Lieber, lieber Wassermann, mit welcher Farbe darf ich durch den weiten Ozean?"

Der Wassermann nennt eine Farbe, z. B:

„Orange"

Nun dürfen alle Kinder, die etwas oranges tragen, einen möglichst großen Schritt in seine Richtung machen.

Das Kind, das den Wassermann als Erstes erreicht hat, hat gewonnen und übernimmt in der nächsten Spielrunde die Rolle des Wassermanns.

2. Blubberland-Abenteuer: Rettet die Eier der Zauberfische!

Dieses Spiel ist am schönsten, wenn es draußen gespielt werden kann. In einem geeigneten Innenraum funktioniert es auch, sofern auf die Wasserplanscherei verzichtet oder diese nach draußen verlegt wird.

Die komplette Aktion besteht aus einer vorbereitenden Bastelei, einer fantasievollen Mitmachgeschichte mit anschließendem Bewegungs-Spielparcours und einer bewegungsintensiven Planscherei.

Die gesamte Aktion kommt bei allen kleinen Nixen und Wassermännern supergut an und vermag sie von der Vorbereitung über die Durchführung ziemlich lange sinn- und fantasievoll zu beschäftigen. Alle Angebote funktionieren aber auch einzeln.

Alter: ab 4 Jahren
Material: kleine „Wasserbomben", Zauberfische, Wanne oder Babyplanschbecken, Material für einen Parcours

Vorbereitung: Zauberfische basteln, Parcours mit vorhandenen Materialien vorbereiten, z. B.: auf einem am Boden liegenden Seil balancieren, über eine Wackelbrücke (Brett über zwei Steinen) gehen, rückwärts durch einen Kriechtunnel krabbeln, Slalom laufen um aufgestellte Hütchen, in ausgelegte Hula-Reifen von einem zum anderen hopsen.

Ein wenig kniffelig darf es schon sein, in einem dem Alter angemessenen Rahmen.

Am Ende des Parcours wird das Nest (Planschbecken) aufgestellt (in das später die „Eier" zurückgelegt werden sollen.)

Vorbereitung: Zauberfische basteln

Die sind wirklich zauberhaft und haben das Zeug zum Lieblingsfisch.

Alter: ab 3 Jahren mit Unterstützung der Spielleitung
Material: je Kind 1 Wellpappe DIN-A2, 2 Wattekugeln, bunte Stoffreste, Schere, Klebstoff

Mit einem Stift den Umriss eines Fisches auf die Wellpappe zeichnen.
Für die Kleinen vielleicht eine Pappschablone vorbereiten, um die sie herum malen können. Mit Flossen und allem drum und dran. Das Fischmaul darf auch offen sein.
Die Spielleitung hilft beim Ausschneiden (evtl. mit Cutter).
Für das Schuppenkleid aus den Stoffresten kleine Fetzen reißen oder schneiden und den Pappfisch-Körper auf beiden Seiten vollständig bekleben.
Zum Schluss noch Watteaugen aufkleben und mit Filzstift eine Pupille drauf malen.

Mitmach-Geschichte: Die Zauberfische oder Sturm im Blubberland

Jedes Kind hält seinen selbst gebastelten Zauberfisch in der Hand. Die Spielleitung liest die Geschichte vor.
*Jedes Mal, wenn das Wort **Zauberfisch** vorkommt (die Spielleitung lässt beim Vorlesen eine kleine Pause), lassen die Kinder ihre Zauberfische wellenförmig „schwimmen" und machen dazu „blubb-blubb."*

Im Blubberland sausen die kleinen Nixenkinder nur so durch die Wellen.
Wolle Wassermann fährt mit einer Kutsche spazieren, die von sechs drolligen Seepferdchen gezogen wird. Fische flitzen überall herum, und die schlaue Krake Lilo döst auf ihrer Schatzkiste. Ab und zu öffnet sie ein Auge. Träge winkt sie den vorbeiflitzenden Nixen mal mit einem oder zwei oder drei Armen zu.
„Los!", treibt Wolle Wassermann die Seepferdchen an. „Los, schneller!"
„Huhu, Wolle Wassermann!", gurgelt Lilo Krake. „Was ist los, Schätzchen? Wieso habt ihr es denn alle so eilig?"
„Die **Zauberfische** haben gerade Eier gelegt!", rufen die kleinen Nixen. „Die wollen wir uns jetzt gleich in ihrem Nest ansehen."
„Ach so, die **Zauberfische**, aha", murmelt Lilo Krake und macht das Auge wieder zu. „Ist es endlich so weit? Na dann, viel Spaß."

Plötzlich wird es düster im schönen Blubberland. Ein Sturm zieht auf. Das Wasser beginnt zu tosen. Mit aller Kraft klammert sich Lilo Krake an der Schatzkiste fest. „Mein lieber Klabautermann", stöhnt sie. „Das ist ja ein Sturm! Hoffentlich weht es den **Zauberfischen** die Eier nicht aus dem Nest."

Doch genau das passiert. Die **Zauberfische** können es nicht fassen. Der Sturm hat ihre Eier einfach davongetrieben.

Als Wolle Wassermann mit den Nixen dort ankommt, findet er nur ein leeres Nest vor. Die **Zauberfische** sind verzweifelt.

„Keine Sorge", gurgelt Wolle Wassermann. „Wir werden die Eier schon wieder finden." Dann streckt er den Kopf aus dem Wasser und blickt zum Strand hinüber. „Seht nur! Da blinkt und blitzt doch was." Tatsächlich liegen dort die Eier der **Zauberfische** verstreut und verlassen. Sie warten ungeduldig darauf, dass jemand sie zurückholt und wieder ins sichere Nest befördert.

Die **Zauberfische** aber heulen und klagen: „Wir können nichts machen, wir können nicht an Land gehen, wir sind doch Fische."

„Ihr **Zauberfische** könnt das nicht, aber die Nixenkinder, die schon", tröstet Wolle Wassermann. „Oder?"

Begeistert nicken die Kleinen und freuen sich auf ein tolles Abenteuer.

„Klar machen wir das. Wir retten die Eier der **Zauberfische**!", rufen sie und wollen sich auch gleich auf den Weg machen.

„Gut", brummt Wolle Wassermann. „Aber Vorsicht! Die kleinen süßen Dinger sind sehr empfindlich. Und der Weg ist beschwerlich."

„Bis gleich, ihr **Zauberfische**!", verabschieden sich die Nixenkinder. „Bald sind die Eier wieder im Nest, das versprechen wir."

Wenig später gehen sie an Land. Jedes Kind schnappt sich zwei Eier.

Ob sie es wohl tatsächlich schaffen, sie wieder sicher zurück zu den **Zauberfischen** zu bringen?

Bewegungsparcours: Die Rettung der Zauberfische

Nachdem die Geschichte vorgelesen wurde, darf sich jedes Kind zwei Wasserbomben nehmen. Und dann geht es nacheinander auf den Parcours, der so seine Tücken hat. Am Ende befindet sich das Nest (Planschbecken), in das die Eier ganz vorsichtig abgelegt werden.

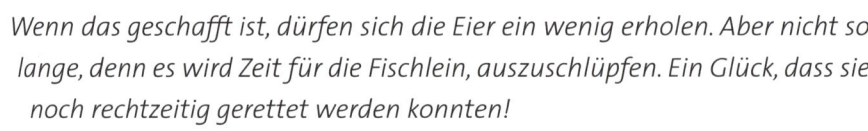

Wenn das geschafft ist, dürfen sich die Eier ein wenig erholen. Aber nicht so lange, denn es wird Zeit für die Fischlein, auszuschlüpfen. Ein Glück, dass sie noch rechtzeitig gerettet werden konnten!

Wasser-Wurf-Planschspiel: Die Zauberfische schlüpfen

Damit die Zauberfischlein schlüpfen können, müssen sie von den Nixenkindern wieder in ein anderes, extra vorbereitetes Schlüpfnest geworfen und zum Platzen gebracht werden. Das ist gar nicht so einfach.

Material: Hula-Hoop-Reifen oder Kreidekreis, viele weiße Wasserbomben
Alter: ab 3 Jahren

Die Kinder versuchen, die Wasserbomben (Zauberfischeier) in einen Hula-Hoop Reifen oder Kreidekreis (Schlüpfnest) zu werfen und die „Eier" zum Platzen zu bringen. Das ist ein großer Spaß!

„Zack hitti zopp" – Die Blubberland-Sprache

Das Gedicht „Seepferdchen und Flugfische" von Hugo Ball habe ich ausgesucht, weil es vom Titel her perfekt passt und man es älteren Kindern gut als „Blubberland-Sprache" anbieten kann. Es gehört zur Kategorie „Lautpoesie", einer Form der Dichtkunst, die sich erst in der Rezitation, also beim lauten Sprechen, entfaltet. Vermeintliche Unsinns-Silben, Lautmalerisches gewinnt an Bedeutung. Kindern macht die Lautpoesie großen Spaß. Und es ist immer wieder sehr spannend zu erleben, welche Bedeutung und welchen Sinn sie den Silben und Wortfetzen geben. Dazu kurbeln sie ihre Fantasie so richtig an und lassen ihrer Kreativität freien Lauf.

Seepferdchen und Flugfische

Tressli bessli nebogen leila
Flusch kata ballubasch
Zack hitti zopp!

Zack hitti zopp
Hitti betzli betzli
Prusch kata ballubasch
Fisch kitti bim

Zitti kitti labi billabi billabi
Zicko di zakkobam
Fisch kitti bisch

Bumbalo bumbalo bumbalo bambo
Zitti kittlabi zack hitti zopp

Tressli bessli nebogen grügrü
Blaulala violabimini bisch
Violabimini bimini bimini

Flusch kata ballubasch
Zick hitti zopp!

Hugo Ball

So klingt die „Blubberland-Sprache"

Alter: Vorschule/Lesealter
Material: Gedicht „Seepferdchen und Flugfische" als Kopie auf einem Blatt

Vorbereitung: Die Obernixe Spielleitung übt das Gedicht vorher mindestens einmal laut, damit es richtig fischig rüberkommt!

Spielleitung: Hallo ihr kleinen Nixen und Wassermänner. Seht doch mal. Hier. Seepferdchen und Flugfische haben eine Botschaft geschrieben.
Leider ist sie in einer geheimnisvollen Sprache verfasst, der Blubberland-Sprache. Die klingt ganz seltsam. Hört einmal zu!

Die Obernixe Spielleitung liest die gedichtete Botschaft der Seepferdchen und Flugfische erst einmal komplett vor.

Spielleitung: Das ist eine seltsame Sprache, oder? Könnt ihr die Sprache sprechen? Es ist die Blubberland-Sprache. Versucht es mal!

Die Obernixe spricht das Gedicht noch einmal, diesmal Zeile für Zeile.
Die kleinen Nixen und Wassermänner sprechen in der Blubberland-Sprache nach.
Zeile für Zeile. Das sorgt für Heiterkeit!

Die Botschaft der Seepferdchen entschlüsseln

Nun muss aber endlich herausgefunden werden, was die Seepferdchen und Flugfische da mitteilen wollen? Tja, was könnte das nur bedeuten? Die Obernixe liest die erste Zeile und gibt Hilfestellung, indem sie einen möglichen Anfang verrät.

Tressli bessli nebogen leila – *Wildes Wellen-Vergnügen um vier*
Flusch kata ballubasch – *mit toller Seepferdshow*
Zack hitti zopp! – *Zack hin und hopp.*

Oh! Es geht also um eine Vorführung der Seepferdchen. Alle sind eingeladen!
Vielleicht gibt's ja eine tolle Unterwasserparty? Das wäre ja toll.
Und jetzt können die Kinder die Botschaft weiter spinnen. Es muss sich nichts reimen.
Sie erfinden wie und was sie wollen.

„Flusch kata ballubasch" – Eine tolle Seepferd-Show

Nachdem die Botschaft der Seepferdchen und Flugfische in der Blubberland-Sprache entschlüsselt wurde, bietet es sich geradezu an, eine schöne Show mit eleganten bunten Seepferdchen zu präsentieren.

Mit ein wenig Übung im Vorfeld wird daraus eine super Aufführung, für die es jede Menge Applaus gibt. Und: Sie passt gut als Programmpunkt zu einem rauschenden Blubberland-Fest.

Vorbereitung (Basteln): Seepferdchen-Steckenpferd

Alter: Lesealter oder ab 5 Jahren mit guter Hilfestellung
Material: 1 blaue, grüne, pink, orange oder bunte Herrensocke; 1 Stock; Watte; Glitzerstoff; Wolle mit Glitzer (auch Reste); Schnur; Bleistift; Lineal; Zirkel, 2 Pappquadrate ca. 10 cm x 10 cm, Farbe, Pinsel, Schere, Klebstoff, Bild von einem Seepferd

Die Socke füllen die Kinder prall mit Watte aus. Das vordere Nasenende umwickeln sie nochmals mit zur Socke passender farbiger Wolle zur Seepferdnase. Dann stecken sie den Stock tief in die Socke hinein.

Das offene Ende der Socke wird mit Wolle fest um den Stock gebunden.

Danach auf eines der Pappquadrate eine Brustflosse vormalen, dann das zweite Quadrat drunter legen. Die sehen aus wie Ohren, sind aber keine.

Beide Brustflossen dann zusammen ausschneiden.

Die Brustflossen malen die Kinder in der gewünschten Seepferdchenfarbe an. Und dann: trocknen lassen. Danach kann man sie an die Sockenferse am Seepferdekopf festkleben.

Aus Filz schneiden die Kinder Streifen aus Glitzerstoff aus und kleben daraus dem Seepferd ein Zaumzeug an. Da können sie ruhig herumprobieren. Also die Streifen nicht gleich ankleben, dann klappt das.

Die großen runden Augen malen die Kinder auf Filzstückchen auf. Ausschneiden und aufkleben.

Und eine fetzige „Mähne" haben Seepferde auch. Die lässt sich aus Filzzacken herstellen oder aus einem Filzstreifen, in den man Zacken schneidet.

Zum Schluss noch als Zügel eine Schnur an das Zaumzeug kleben und mit runden Filzstücken kaschieren.

Bewegungsspiel: Seepferdchen-Hindernisrennen

Alter: ab 5 Jahren
Material: für jedes Kind ein Seepferdchen-Steckenpferd

Vorbereitung: Im Gruppenraum oder draußen baut die Spielleitung (gemeinsam mit den Kindern) einen Parcours aus umgedrehten Bänken oder Kisten und Kästen. Besonders effektvoll wird das Hindernisrennen, wenn Stühle mit einer blauen Decke abgedeckt oder Pappkartons blau angemalt werden: ein schöner Parcours für einen Ritt durch die Wellen.

Und los geht's zum Wellenritt mit den selbst gebastelten Seepferdchen-Steckenpferden!

Tanzspiel: Seepferdchen-Tanz

Beim Hindernisrennen konnten die Seepferdchen zeigen, wie sie wild durch die Wellen reiten. Bei ruhigem Wetter aber tanzen die Seepferdchen manchmal gemeinsam. Das macht nicht nur viel Spaß, sondern sieht auch toll aus.
Damit diese Nummer richtig gut aussieht, versuchen die Seepferdchen eine schöne, rhythmisch tänzerische Bewegung zu zeigen.

Alter: ab 5 Jahren (6–10 Mitspieler)
Material: für jedes Kind ein Seepferdchen-Steckenpferd, einheitliche Kleidung für die Reiter (blaue oder grüne Leggings, T-Shirt und vielleicht ein glitzernder Umhang), Walzermusik

- Die Seepferdchen galoppieren im Takt zur Musik im Kreis herum
- Stopp
- Richtungswechsel – und in die andere Richtung laufen
- Stopp
- Alle wenden den Blick zur Kreismitte
- Die Pferdchen drehen sich einmal im Uhrzeigersinn um die eigene Achse
- Und dann einmal im Gegen-Uhrzeigersinn
- Alle galoppieren in Richtung Mitte
- Und danach wieder zurück in den großen Kreis

Grande Finale: Die Seepferdchen stellen sich auf die Hinterbeine und – hopp hopp – weiter geht's im Galopp. Sie winken noch mal und verschwinden.

Festtag im Blubberland – und alle machen mit!

In Blubberland wird ein großes Fest gefeiert. Wann? Das ist nicht wichtig: So ein Unterwasser-Fest ist krönender Abschluss einer Aktionswoche oder einer Projektphase zum Thema „Unterwasserwelten", kann aber auch das Motto fürs nächste Sommerfest sein.

In den Angeboten oben finden Sie bereits eine Menge Ideen für eine Unterwasserfest-Dekoration. Außerdem gibt es im Internet leicht zugänglich jede Menge Material zum Thema (zum Selbermachen oder Kaufen. Dekoartikel für jeden Geldbeutel z. B. bei pinterest). Konkrete Beispiele für die Festdekoration finden sich daher im Folgenden nicht, stattdessen aber jede Menge Spielaktionen.

Wichtig ist bei so einem Fest: Alle machen mit! Das gilt auch für die Vorbereitungen. Die sollten keine lästige Pflichtaufgabe für Fachkräfte sein, sondern als gemeinsame Aufgabe mit den Kindern gestaltet werden. Der Vorbereitungsspaß kann fast so groß sein wie der Fest-Spielspaß!

Zunächst mal müssen alle eingeladen werden! Und bevor es richtig losgeht mit Spiel und Spaß, dürfen sich die Besucher von Blubberland als Nixen und Wassermänner verkleiden. Dann gehören sie so richtig dazu. Ganz wichtig sind natürlich auch echte Blubberland-Leckereien!

Einladungen

Die Eintrittskarte ins Blubberland haben die Kinder vielleicht schon (siehe S. 13), wenn die Familie, Freunde und Verwandtschaft ebenfalls zum Fest eingeladen werden, basteln die Kinder noch mehr Fischkarten.

Alle Bewohner des Blubberlands sind bei diesem Fest mit dabei: Wolle Wassermann, der Blubberfisch, Onkel Wassermann, die Obernixe, die kleine Nixe Pischipatsch und alle anderen Nixenkinder, Walfisch Jonathan, der goldene Blubberfisch, Adele die flotte Makrele, und natürlich Krake Lilo (zur Einstimmung und Orientierung: Die Geschichte von Wolle Wassermann und seinen Freunden, siehe S. 15 ff.).

BLUBBERLAND-KOSTÜME

Ganz wichtig für so ein Blubberland-Fest ist die Verkleidung. So können die Kinder mit allen Fasern eintauchen in die Unterwasserwelt. Hier finden sich Kostümideen für eine Nixen- und Wassermannverkleidung. Der Materialaufwand hält sich dabei in Grenzen, der Geldbeutel wird nicht übermäßig belastet. Ein wenig Tüftelei muss allerdings bei der Frisur schon sein, doch das Ergebnis ist dann auch wirklich sehenswert. Und eine gelungene Verkleidung erhöht den Spaßfaktor bei jedem Fest, aber auch bei vielen Spielen ganz enorm.

Blubber-Wassermann
Unterwasser-Schick in der Mülltüte

Alter: ab 4 Jahren mit Unterstützung
Material: blauer oder grüner Müllsack, blaues oder grünes Oberteil und Strumpfhose, Netz mit groben Maschen, Kordel, Schnur, Schere, Stifte oder Wasserfarben, Pappe, Krepppapier, Schminke grün und blau, Glitzerschminke

In den Boden der Tüte ein Loch schneiden, durch das der Kopf durchpasst. Für die Arme an den Seiten der Tüte auch jeweils ein Loch schneiden.
Tüte anziehen.
Mit der Kordel die Tüte in der Taille zubinden und in Form zupfen.
Fische und anderes Meeresgetier auf dünne Pappe malen, anmalen und ausschneiden. Ein Löchlein in die Tierchen bohren und jeweils eine Schnur einfädeln.
Dann das Netz drüber hängen und die Pappfische mit Schnur im Netz befestigen.
Eventuell noch Krepppapier als Algen ins Netz fädeln.
Das Gesicht in Mülltütenfarbe schminken, die Augenlider und Lippen dunkelgrün oder dunkelblau. Und dann noch grünen Glitzer als Effekt setzen.
Zum Schluss die Perücke aufsetzen (siehe S. 34).

Tipp: Aus fester Pappe noch einen Dreizack ausschneiden und mit Folie verkleiden.

Wilde Nixen-und Wassermannfrisur

Diese tolle Perücke kann in verschiedenen Farben und Längen sowohl für Wassermänner als auch für Nixen und Meerjungfrauen hergestellt werden. Eine Bastelei für geduldige Wasserwesen.

Alter: ab 5 Jahren mit Unterstützung
Material: Obstnetz, Luftballon, Gummilitze, Schüssel, Tesafilm, Krepppapierrollen in verschiedenen Blau- und Grüntönen, Schere

Zuerst den Luftballon mindestens auf Kopfgröße aufpusten, sodass er in die Schüssel passt.

Das Obstnetz über den Luftballon legen und mit Tesafilm fixieren.

Die Krepppapierrollen in etwa 2 cm breite Streifen schneiden.

Die Rollen auseinanderschütteln. Jeden Streifen hälftig nehmen. Die Mitte erst etwas zusammendröseln, damit sie besser durch das Netz passt. Dann die Mitte zu einer Öse auseinander ziehen und die offenen Enden (nicht zu fest) durchziehen.

So viele Kreppbänder einfädeln, bis die gewünschte Dichte erreicht ist.

Zum Schluss die Gummilitze auf etwa Kopfgröße schneiden und unten im Obstnetz einziehen. Dann sitzt die Frisur.

Nixenschwänze

Die werden aus großen Handtüchern hergestellt – so einfach wie genial.

Material: langes Frotteehandtuch in einer Farbe, die sich für Nixen eignet, Schere, Nadel, Faden

Eine schmale Seite des Handtuches in der Mitte nach oben raffen und mit ein paar Stichen festnähen.

Die andere Seite hinten im Hosenbund festklemmen – oder mit einem Gürtel befestigen.

Tipp: Dazu noch blaue oder grüne eng anliegende Oberteile und vielleicht auch Leggings und eine selbst gemachte Muschelkette oder eine aus wasserfarbenen Perlen aufgefädelte? Fertig ist das tolle Nixenkostüm.

BLUBBERLAND-SPEISEN

Jede Blubberland-Party, aber auch jede Tages- oder Wochenaktion zum Thema wird durch die folgenden kindgerechten und fantasievollen Leckereien sicher kräftig aufgewertet. Und wenn die Kinder selber mitmachen können, schmeckt alles noch mal so gut. Da essen sie sogar Tintenfisch und Seesterne. Wetten?

Leckere Octopizza à la Krake Lilo (für 6–8 Kraken)

Miamm, miamm, so essen wohl alle Kinder gerne einen dicken Tintenfisch.

Alter: ab 4 Jahren (mit Unterstützung)
Material: Blech, Backpapier, Messer, Nudelholz
Zutaten: Pizzateig, passierte Tomaten, Oliven schwarz, Kräuter, Pizzakäse

Zutaten Pizzateig: 800 g Weißmehl, 200 g feines Grießmehl, 1 EL Salz, 2 Päckchen Trockenhefe, 1 EL Zucker, 4 EL Olivenöl, 650 ml lauwarmes Wasser, Mehl für Arbeitsfläche etc.
Material: Sieb, Topf, 2 große Schüsseln, Gabel, feuchtes Tuch, Messer, Brettchen
Zubereitung: Mehl und Salz auf eine saubere Arbeitsfläche sieben.
In der Mitte einen kleinen Hügel bilden. Anschließend in einem Topf die Hefe, den Zucker und das Olivenöl mit dem Wasser vermischen.
Die Masse ein paar Minuten gehen lassen. Dann in eine große Schüssel umfüllen.
Nach und nach das Mehl mit einer Gabel seitlich unter die Flüssigkeit mischen. Immer weiter mischen, und am Ende kneten, bis ein elastischer Teig entstanden ist.

Den Pizzateig in eine bemehlte Schüssel legen und noch etwas Mehl auf die Oberfläche des Teiges geben. Die Schüssel mit einem feuchten Tuch bedecken und für ca. eine Stunde an einen warmen Ort stellen. Der Teig sollte sich in dieser Zeit verdoppeln.
Den fertigen Pizzateig auf einer bemehlten Arbeitsfläche so lange kneten, bis alle Luftbläschen verschwunden sind.
Den Teig halbieren. Aus einer Portion eine runde Pizza ausrollen und auf das Backblech legen. Mit passierten Tomaten einpinseln. Mit Kräutern und Käse bestreuen. Zwei Tomatenscheiben als Augen drauflegen. Auf die Tomatenaugen kommen zwei Olivenringe als Pupillen.
Aus der zweiten Hälfte des Teigs die Krakenarme formen. Am besten geht das, wenn man Rollen aus dem Teig macht und diese dann am runden Teil ansetzt,

biegt und etwas plattdrückt. Dann Olivenscheiben als Saugnäpfe auf die Krakenarme drücken.

Bei 250° ca. 10 Minuten backen, bis der Octopus knusprig ist.

Seesterne im Algenbett

Da können die Kinder wirklich alles selber machen.

Material: Brettchen, Messer, Ausstecher in Sternform, Servierplatte
Zutaten: fluffiges Weißbrot, Butter, Aufstrich oder Belag nach Wahl, in Streifen geschnittene Salatblätter.

Aus dem Brot je zwei Sterne ausstechen. Einen Stern nach Wahl belegen (Schnittkäse kann auch ausgestochen werden) und den anderen oben drauflegen.
Auf der Platte die „Algen" (Salatstreifen) schön verteilen und die Seesterne darauf anrichten.

Tipp: Mit 1-2-3-Teig (Anleitung Seite 74) und Stern-Ausstecher lassen sich auch tolle Seesternkekse herstellen!

Lilo-Krake im Dip

Zum Glück hat Lilo Krake viel Humor. Ihr Gemüsezwilling ist aber auch sehr gesund und so witzig.

Material: Schüssel, Messer, Brettchen, Löffel
Zutaten: 1 roter Paprika, 1 kleine Mozzarellakugel, 1 Becher Frühlingsquark, 2 Pfefferkörner

Von der Paprika den oberen Teil (ca. ein Drittel der Paprika) mit dem Stiel gerade abschneiden. Aus diesem Teil 8 Stifte schneiden, ca. 6 cm lang und 0,5 cm breit. Den Quark in eine Schüssel füllen und glatt streichen. Den Paprikakörper mit der offenen Seite in die Mitte setzen. Je vier Stifte auf jeder Seite wie Krakenarme in den Quark an den Paprikakörper anlegen. Aus der Mini-Mozarella zwei Scheiben ausschneiden und ziemlich weit unten zwischen den Armen festdrücken. Je ein Pfefferkorn als Pupille reindrücken.

BLUBBERLAND-PARTYSPIELE

Die folgenden Spiele rund um das Element Wasser eignen sich sehr gut für ein Fest, funktionieren aber natürlich auch „Zwischendurch". Diese Partyspiele können selbstverständlich ergänzt werden durch die unterschiedlichen Spielangebote oben.

Da fast das gesamte Blubberland im Wasser liegt, bietet es sich an, dass die Kinder sich zu diesem Thema im Vorfeld auch spielerisch mit dem Element Wasser beschäftigen. Das ist am einfachsten draußen umzusetzen und daher ideal für ein Sommerfest.

Bewegungs-/Konzentrationsspiel: Blubberfische angeln

Das Angelspiel macht allen Kindern immer ganz viel Spaß! Es fördert aber auch Geschicklichkeit, Konzentration und Feinmotorik.

Alter: ab 3 Jahren
Material: Fische, Angeln, Kinderplanschbecken, Augenbinde, Sanduhr

Vorbereitung: Fische basteln.
Material: dünne Pappe, Farbstifte, Schere, Musterklammern, bunte Papierreste, Stöcke, kleine Magnete mit Loch, Schnur

Die Kinder malen schöne Blubberlandfische auf dünne Pappe und bekleben sie. Dann schneiden sie ihre Fische aus.
Als Auge dient immer eine Musterklammer. Da hilft die Spielleitung.
Die Angel ist ein Stock. An diesem werden (evtl. mit Hilfe der Spielleitung) Schnur und Magneten befestigt.
Das Planschbecken können die Kinder alleine aufstellen.

Und nun wird geangelt.
Wer fängt in so und so viel Zeit die meisten Fischlein?

Bewegungs-/Konzentrationsspiel: Leuchtender Nixenschmuck im Angelbecken

*Oh. Die kleinen Nixen haben ihren tollen Schmuck verloren. Danach muss jetzt geangelt werden. Ein Partyspiel für heiße Sommertage. Die Kinder sind begeistert von den Knicklichtern, **ABER** diese eignen sich nicht für ganz junge Kinder, die vielleicht auf die Idee kommen, sie zu zerbeißen oder zu zertreten. Für die jüngsten Angler eignen sich eher bunte Armreifen oder Ringe usw.*

Alter: ab 5 Jahren unter Aufsicht von Erwachsenen
Material: tieferes Planschbecken oder alte Badewanne, Wasser, ungiftige Knicklichter (kein Asia-Produkt!!!), Holzstab

Vorbereitung: Wasser in den Behälter füllen. Knicklichter zu Armbändern formen und „versenken".

Mit dem Stock angeln die Kinder nacheinander nach dem leuchtenden Nixenschmuck. Petri Heil.

Bewegungsspiel: Fuß-Angel

Das ist gar nicht so einfach. Welcher kleine Wassermann hat den besten Greifreflex in den Füßen?

Material: Planschbecken mit Wasser, verschiedene kleine Gegenstände, Seerose

Vorbereitung: Seerosen basteln

 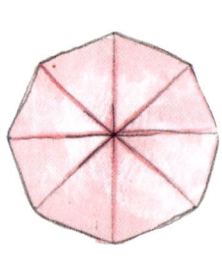 

Alter: ab 3 Jahren
Material: Tonpapier, Schere

Für jedes Kind die Grundform (siehe Abbildung links) einer Rose auf Papier zeichnen.
Die Kinder schneiden aus. Die Blütenblätter nach innen falten.
Wird die gefaltete Seerose auf das Wasser gesetzt, entfaltet sie sich langsam.
Mit vielen Seerosen sieht das ganz toll aus!

Ein Spieler nach dem anderen darf mit dem Fuß die Gegenstände herausfischen.
Wer am schnellsten angelt, bekommt eine Seerose.
Dann beginnt das Spiel von vorne.
Und zum Schluss dürfen die kleinen Wassermänner und -frauen ihre Seerosen schwimmen lassen.

Luftblasentanz der Nixen- und Wassermänner

Dieser wahrscheinlich seit Erfindung der Luftballons beliebte Partytanz hat immer eine Berechtigung, weil er Kindern einfach Spaß macht. Er funktioniert, und daher findet er hier in neuer Verkleidung auch im Blubberland seinen Platz. Die Luftballons sind Luftblasen, und außerdem werden die Beine umwickelt, denn Nixen und Wassermänner haben ja auch keine zwei Beine, sondern ...

Alter: ab 5 Jahren
Material: evtl. Verkleidung, Tüllstreifen in zarten Farben, zarte Musik, weiße Luftballons, weicher Untergrund, evtl. Turnmatten

Vorbereitung: Nixen und Wassermännern mit Tüll die Beine umwickeln. Sollte sich das (vor allem bei Kleineren) als zu schwierig erweisen, kann man auch darauf verzichten.

Die Wasserwesen bilden Tanzpaare.
Sie klemmen eine Luftblase (Ballon) zwischen ihre Stirnen.
Ohne Blase müssen sie sofort aufhören zu tanzen.
Musik an und tanzen.
Es wird so lange getanzt bis das letzte Paar seine Blase verloren hat.

Variante: Alle tanzen, bis die Musik zu Ende ist.

FANTASTISCH FEURIGES DRACHENLAND

Willkommen im Drachenland, liebe Menschenkinder. Hui! Endlich seid ihr da.

Ich bin Fuego, der kleinste Glücksdrache im ganzen Drachenland.

Wenn ich groß bin, werde ich goldene Schuppen haben wie meine Mama. Jetzt bin ich noch ein Kind, und meine Schuppen sind ganz bunt. Manche glitzern aber schon. Feuer spucken kann ich auch noch nicht so richtig. Aber ich übe ganz doll. Jeden Tag. Vielleicht habt ihr ja auf Bildern schon mal Drachen gesehen? Es gibt hier ganz viele verschiedene.

Früher soll es auch mal böse Drachen gegeben haben, aber in unserem Drachenland bin ich noch keinem begegnet. Vielleicht sind sie woanders hingezogen, wer weiß das schon, oder sie sind längst ausgestorben. Jedenfalls leben diese fiesen Gestalten nur noch in alten Sagen und Geschichten, die sich die Menschen erzählen. Damals klauten sie gerne Prinzessinnen und verschleppten sie in Höhlen. Und wenn ein tapferer Ritter die Prinzessin oder den Schatz retten wollte, spuckte der böse Drache Feuer.

Na ja, das tun viele Drachen im Drachenland immer noch. Wir spielen alle gerne mit dem Feuer, aber wir meinen es nicht böse. Ich bade sogar am liebsten in einem Vulkan. Da sitze ich in der blubbernden Lava und plansche herum. Ich versteh aber, dass das für euch kein Spaß ist. Ihr Menschenkinder seid eben sehr empfindlich. Und eure Haut ist so dünn.

Aber das macht nichts. Wir können ja zusammen viele andere lustige Sachen machen. Ich kann euch zeigen, wie ihr eine Höhle baut. Drachen lieben Höhlen. Ich hab auch eine, und da fühl ich mich drachenwohl. Aber ich verrat euch was: Am allerbesten gefällt es mir in unserem Nest, wo ich aus einem Glitzerei geschlüpft bin. So ein Glitzerei ist einfach toll. Ich finde, die schönsten Eier legt die Drachenkönigin Kristina Kristallina. Leider finden das die anderen Drachen auch, und manchmal mopsen sie welche. Wir Drachenkinder müssen die Eier dann wieder zusammensuchen. Dabei könnt ihr mithelfen.

Angst müsst ihr vor uns Drachen wirklich nicht haben, denn wir wohnen ja in der Traumwelt. Und es ist nur eure Fantasie, die mich und die anderen Drachenland-Drachen lebendig macht. Ohne eure Fantasie und eure Träume gibt es mich also gar nicht. Und meine Drachenfreunde auch nicht.

Stellt euch mal vor: Wie könnten meine Drachenfreunde denn aussehen? Haben sie vielleicht Ähnlichkeit mit wunderschönen Schlangen? Oder sind es echsenartige, geflügelte Wesen? Manche haben vielleicht eine gespaltene Zunge oder Adlerklauen, den Kopf eines Löwen oder Kamels? Fliegen lassen könnt ihr sie auch.

Und wie sieht das Drachenland aus? Tja, da gibt es so viel zu entdecken, da müsst ihr euch nur mal hinträumen. Stellt euch vor: Dann spielt ihr selber Drache, ihr besucht Drachenfamilien und spielt tolle Drachenspiele. Wir essen leckeres Drachenessen und feiern ein tolles Drachenfest. Ein wenig mit dem Feuer spielen dürft ihr auch, wenn ihr wollt. Aber nur so, dass es nicht gefährlich ist.

Aber jetzt zeige ich euch erst mal, wie sich die Drachen im Drachenland begrüßen.

Drachenbegrüßung

Willkommen im Drachenland. Hier wird sehr auf Manieren geachtet. Eine höfliche Begrüßung gehört immer dazu, nur dass sie etwas anders abläuft als bei den Menschen.

Alter: ab 4 Jahren
Material: Drachenpranken

Vorbereitung: Drachenpranken basteln
Die sind echt einfach zu basteln und sehen supergut aus.

Material: weiße Handschuhe, Schere, grüner Filz (Reste in verschiedenen Grün- und/oder Gelbtönen), Klebstoff

Die Fingerspitzen der Handschuhe abschneiden.
Aus grünem Filz gebogene Dreiecke als Krallen zuschneiden und mit Klebstoff innen in die Handschuhfinger kleben. Dann an der Außenseite jedes Handschuhs noch ein paar Zacken aus Filz ankleben.

Bewegungsspiel: Gut Feuerspuck!

Die kleinen Drachen bilden einen Spielkreis. Ein Kind ist der Oberdrache. Er läuft außen um den Kreis herum und tippt einem Drachenkind auf die Schulter. Das Drachenkind rennt nun in die entgegengesetzte Richtung los.

Treffen sich die beiden, dann
- reichen sie sich zuerst die Drachenpranken,
- sie verbeugen sich zweimal,
- jeder trampelt dreimal auf der Stelle,
- dann begrüßen sie sich mit den Worten: *„Hallo Drache Tick, tack, tuck, wünsche dir gut Feuerspuck."*

Sobald das gesagt ist, wetzen beide los, um den freien Platz im Kreis zu ergattern.
Wer da langsamer ist, läuft als neuer Oberdrache außen herum und das Spielchen geht weiter.

In der Drachenfamilie geht's rund

Die folgenden Spiele und Aktionen widmen sich dem durchaus bewegten Familienleben von allen möglichen Drachen. Fantasie spielt auch hier eine große Rolle. Die Kinder können richtig schön Drachentheater spielen und sich in die Rollen hineinversetzen. Da tanzen Drachenkinder ihrem Papa frech auf der Nase herum, laufen vor ihren Müttern weg, machen Unfug mit ihren noch nicht ausgeschlüpften Geschwistern, ja, sie bauen sogar einen Räucherdrachen und vieles mehr. Es lohnt sich also, das Familienleben der Drachen näher kennenzulernen, sei es, indem einzelne Spiele ausgewählt werden oder eben als Gesamtpaket anlässlich eines schönen Projektes zum Thema Drachen, Traumwelten und Fantasiewesen oder auch Feuer.

Fuego, das verfressene Drachenkind

Ein Spiel nicht zur Förderung der taktilen Wahrnehmung. Die Kinder müssen bei der Vorbereitung schon kreativ sein und beim darauf folgenden Spielangebot Gegenstände erfühlen, als solche erkennen und dann auch richtig benennen. Das ist eine großartige Leistung für kleine Köpfchen.

Alter: ab 4 Jahren
Material: Drachenbild (Illu rechts) zur Inspiration, Papier, Stifte, große dickere Pappe (z.B. Vorderteil eines Verpackungskartons von Flachbildschirm-TV o.Ä.), Cutter, Stifte, Klebeband oder Tacker, Beutel, verschiedene Gegenstände, z.B. Spielzeugautos, kleiner Apfel, Löffel, Feder usw., Sanduhr oder Stoppuhr

Vorbereitung: Alle gucken sich unser Drachenbild (und eventuell auch andere) an und überlegen sich, wie der Drachenkopf aussehen soll. Wichtig ist das riesige Maul, durch das ein Kinderarm passen muss.
Dann malt jedes Kind einen Drachenkopf nach seiner Vorstellung.
Danach wird gemeinsam entschieden, wie der Kerl nun aussehen soll.
Und dann malen alle zusammen diesen super Drachenkopf mit seinem sehr großen Maul auf die Pappe und malen ihn schön an.
Da, wo das Maul ist, schneidet die Spielleitung ein Loch in den Kopf.

Dahinter wird der Beutel mit Klebeband befestigt. Dann wird der Drachenkopf aufgestellt, z.B. indem man ihn mit Klebeband an den beiden Türrahmen einer offenen Tür oder zwischen zwei Stühlen befestigt.

In den Beutel kommt zunächst ein Gegenstand. Die Kinder spielen die Geschwister des verfressenen Drachenkindes und dürfen nicht sehen, was es ist.
Die Spielleitung spielt eine empörte Drachenmutter und betätigt Sand- oder Stoppuhr.

Drachenmutter: Oh, Feuerspuck und Funkenflug! Fuego! Du verfressenes Drachenkind! Was hast du nun schon wieder geschluckt? Hilfe, Hilfe!
Wer von den Geschwistern traut sich, in das Maul zu fassen um herauszufinden, was es ist?

Die Geschwisterdrachen fühlen nacheinander. Jeder hat Zeit so lange die Sanduhr läuft (oder eine festgelegte Zeit per Stoppuhr) um zu erraten, um welchen Gegenstand es sich handelt. Wenn ein Kind das nicht schafft, ist der nächste Kandidat an der Reihe. Ansonsten darf der Retter den Gegenstand behalten, und ein neuer kommt in den Beutel.

Variante: Viele verschiedene Gegenstände in den Beutel tun, denn bei dieser Variante hat der kleine Vielfraßdrache Unmengen Zeug geschluckt, darunter auch (z.B.) den einzigen kleinen Löffel der Drachenmama. Wer findet ihn am schnellsten?

Futter für das verfressene Drachenkind
Die Pappfigur unseres verfressenen Drachenkindes findet weitere Verwendung. Schließlich will das immer hungrige Wesen gut gefüttert werden ...

Alter: ab 3 Jahren
Material: Drachenkopf (Anleitung siehe links), bunte Tischtennisbälle oder Bohnensäckchen

Jedes Kind bekommt 4 Tischtennisbälle und alle versuchen hintereinander, in das hungrige Maul zu treffen. Wer füttert am besten?

Drachenkinder fangen

Tja, im Drachenland spielen die Kinder gerne fangen mit ihren Müttern. Und das mit viel Theater! Schnelligkeit und Reaktionsfähigkeit sind gefragt.

Alter: ab 4 Jahren
Material: ein Nest, z. B. aus einer oder mehreren Decken

Vorbereitung: Decke im Spielfeld auslegen, wo ein Nest sein soll.

Na so was! Die frechen Drachenkinder sind mal wieder aus dem Nest abgehauen.

Ein Kind spielt die Drachenmama, die nun mit viel Gefauche und Geknurre ihre wuseligen Kinder möglichst schnell wieder einfangen will.
Wer gefangen ist, kommt zurück ins Nest und bleibt da sitzen.

Wenn der Drachenpapa brüllt

Die frechen Drachenkinder tanzen dem Drachenpapa mal wieder ganz schön auf der Nase herum. Sie müssen sehr aufmerksam sein und schnell reagieren. Wenn der Drachenpapa nämlich losbrüllt, bleiben alle wie angewurzelt stehen.

Alter: ab 4 Jahren
Material: Drachenpranken (Anleitung Seite 43) für alle

Ein Kind spielt den Drachenpapa und hockt sich hin.
Die anderen spielen Drachenkinder und laufen, hüpfen, tanzen, rennen oder kriechen um den Papa herum. Dabei sind sie aber doch auf der Hut, denn wenn Drachenpapa plötzlich ganz laut brüllt, müssen alle Kinder sofort wie angewurzelt stehen bleiben. Dann läuft der Drachenpapa durch die Reihen und guckt ganz streng, ob sich einer bewegt. Wenn ja, muss das Drachenkind sich hinsetzen, und die anderen spielen weiter.

Dracheneier-Verfolgungsjagd

Drachenkinder haben immer lustige Ideen Zum Beispiel veranstalten sie gerne Rennen mit ihren noch nicht ausgebrüteten Geschwistern. Die werden in ihrem Ei ganz schön durchgeschüttelt. Das Spiel fördert Geschicklichkeit, Konzentrations- und Koordinationsfähigkeit.

Alter: ab 5 Jahren
Material: zwei Plastik-Ostereier

Die Drachenkinder sitzen im Kreis. Das erste Ei wird von Kind zu Kind im Kreis durchgereicht. Nach ein oder zwei Runden kommt das andere Ei mit ins Spiel. Da das zweite Ei das erste einholen soll, muss es schneller von Hand zu Hand wandern. Ist das gelungen, beginnt das Spiel von vorne. Und wenn es dann flüssig vonstatten geht, kann die Richtung auch mal gewechselt werden.

Variante: mit Drachenpranken (Anleitung Seite 43) spielen

Drachenmama und Eierdiebe

Ein Spiel zur Förderung der auditiven Wahrnehmung.
Mit einer Drachenmama, die ihr Ei im Nest bewacht, ist nicht zu spaßen. Diese sieht zwar nichts, aber sie hört sehr gut und spürt auch so Einiges ...

Alter: ab 4 Jahren
Material: 1 Decke als Nest, Augenbinde, 1 großes Plastikei, evtl. Spritzpistole

Ein Kind spielt die Drachenmama. Sie setzt sich ins Nest (auf die Decke) und legt das Ei vor sich hin. Dann wird die Augenbinde angelegt.
Die Eierdiebe versuchen nun, ganz leise das Ei zu mopsen. Wenn die Drachenmama glaubt, etwas zu hören, brüllt sie ganz laut los. Dann hauen die Diebe ab – und versuchen es anschließend gleich wieder.

Variante: Im Sommer kann draußen gespielt werden, und die Drachenmama wehrt sich mit einer Wasserpistole. Da ist natürlich der Spaßfaktor ganz hoch – aber es sollte drauf geachtet werden, dass der Untergrund weich ist, falls jemand ausrutscht.

Wettrennen

Der Drachenpapa hat ein tolles Nest gebaut. Leider passt aber nur ein Ei rein. Welche Drachenmama gewinnt mit ihren Drachenfüßen das Wettrennen und schafft es, ihr Ei zuerst ins Nest zu legen?

Material: Drachenfüße für alle Mitspieler, Stuhl, Schnur, Nest aus Heu oder notfalls Körbchen, 2 Plastikeier

Vorbereitung: Eine Startlinie markieren, z. B. mit einer Schnur. Einen Zielpunkt festlegen und den Stuhl mit dem Nest drauf hinstellen.

Drachenfüße basteln

Material: 2 gleich große Schuhschachteln mit Deckel oder andere Kartons, Farben, Pinsel, Zeitungspapier, dünne schwarze Pappe, Füllmaterial wie Watte oder Papierschnipsel oder zerknülltes Seidenpapier etc., Schere

Den Karton anmalen. Schuppen sehen super aus. Trocknen lassen. Aus dünner schwarzer Pappe dreieckige Krallen zuschneiden und draufkleben.
Nun mit Hilfe der Spielleitung eine Öffnung in den Deckel schneiden, durch die der Fuß durchpasst. Den Rest vom Karton mit Füllmaterial ausstopfen und den Deckel mit Klebeband fixieren. Und losstampfen.

Es treten immer zwei Drachenmamas gegeneinander an. Jede versucht, ihr Ei zuerst ins Nest zu legen.

Es qualmt in alle Himmelsrichtungen

Drachenkinder müssen genauso viel lernen wie Menschenkinder. Heute bringt ihnen Onkel Räucherdrache mit einem Spiel bei, wie die Himmelsrichtungen heißen.

Alter: Lesealter
Material: runder Tisch, Stühle, Räucherdrache, Tafel mit Himmelsrichtungen, Rußkorken

Vorbereitung: Räucherdrache basteln

Material: Dosendeckel aus Metall, Korkplatte, Teelichthülle aus Metall, Räucherkegel, dünner Karton, Alufolie, Bananenpapier orange, Tonkarton beige und braun, Plastiktrinkröhrchen, schwarzer Filzstift, schwarzer Lackstift, Klebeband, Kraftkleber, Schere, Klebestift

Den Dosendeckel auf eine Korkplatte kleben. Die Korkränder sollen ein wenig überstehen.
In die Mitte des Deckels dann die Teelichthülle kleben.
Räucherkegel hineinstellen.

Für den Drachen einen Halbkreis, Radius 12 cm, aus dünnem Karton ausschneiden.
Den Karton dann ein paarmal über die Tischkante ziehen. Dann ist er leichter formbar.
Nun die Innenseite ganz mit Alufolie bekleben. Die Außenseite wird mit Bananenpapier beklebt.
In der Mitte der geraden Seite drei 5 mm lange Schnitte machen.
Den Halbkreis zum Kegel kleben.
Ein ca. 5 cm langes Stück Trinkhalm von innen durch die Kegelspitze schieben.
Das Halmstück mit Klebeband so befestigen, dass vom Trinkhalm 1 cm im Inneren steckt.

Den Kopf (Vorlage) zweifach aus braunem Tonkarton ausschneiden.
An den Rückseiten Zacken aus Bananenpapier ankleben.
Nasenloch und Mund an den Seiten mit Filzstift aufmalen.
Beigefarbene Kreise aus Tonkarton mit Pupillen aus Lack (Lackstift) versehen und als Augen festmachen.
Die beiden Kopfteile zusammenkleben und in der Mitte jeweils nach außen wölben (Pinselstiel im Inneren des Kopfes ein paarmal von vorne nach hinten schieben.)
Kopf über den Trinkhalm stülpen.

Große Füße aus Tonkarton anfertigen und einen flotten Schwanz aus Bananenpapier.
Die Zehennägel mit schwarzem Filzstift aufmalen.
Dann die Füße am Rand des Körpers innen ankleben.
Räucherkegel anzünden, Drachen drüberstellen – losqualmen!

Die Spielleitung erklärt die Himmelsrichtungen.

Die Drachenkinder setzen sich um einen runden Tisch. In der Mitte qualmt der Drache.
Die Spielleitung mimt die Stimme von Onkel Räucherdrache.
Der sagt: *„Oh. Der Wind weht heute von Westen …"*
Das Drachenkind, das im Westen sitzt, fängt sofort an zu pusten.
Der kleine Drache gegenüber muss nun den Satz vervollständigen …*„nach Osten"*
Dann sagt Onkel Räucherdrache: *„Oh, der Wind weht jetzt von Süden …."*
Das Drachenkind, das im Süden sitzt, fängt sofort an zu pusten.
Der kleine Drache gegenüber muss nun den Satz vervollständigen …*„nach Norden"*
Dann sagt Onkel Räucherdrache: *„Oh, der Wind weht jetzt von Osten …."*
Das Drachenkind, das im Osten sitzt, fängt sofort an zu pusten.
Der kleine Drache gegenüber muss nun den Satz vervollständigen …*„nach Westen"*
usw.

Wer nicht schnell genug reagiert, bekommt mit einem Rußkorken einen schwarzen Punkt auf die Nase.

1. Drachenland-Abenteuer: Die Drachenkönigin Kristina Kristallina

Mit der folgenden Geschichte lässt sich eine schöne Rallye veranstalten, am besten natürlich draußen. Außerdem ist das Angebot ideal für Feste aller Art, nicht nur in Einrichtungen, sondern auch für einen tollen Drachen-Kindergeburtstag.

Alter: ab 5 Jahren
Material: 2 Dracheneier (Anleitung siehe unten), Kohlestücke, Asche, Geschichte (siehe Seite 53) zum Vorlesen, Drachenschmaus für jedes Kind als Belohnung (Vorschläge siehe Seite 58 f.), Höhle (Anleitung siehe Seite 52)

Vorbereitung: Kristall-Dracheneier, Drachenschmaus und Höhle im Vorfeld herstellen. Dann einen schönen Parcours auskundschaften und in gewissen Abständen 8 Stationen markieren, z. B. mit Kohlehäufchen, in denen ein zusammengerollter Zettel als Botschaft steckt. Am Ende ein schönes Plätzchen für die Höhle suchen, wo die Eier gefunden werden können .

Kristall-Dracheneier

Diese Eier sind nicht nur ganz wundervoll anzusehen, sondern auch die idealen und wahren Drachenköniginnen-Eier. Allerdings ist die Herstellung nur etwas für größere Kinder bzw. die Spielleitung kann das notfalls im Vorfeld übernehmen. Wenn die kleineren Kinder auch nur zugucken dürfen, so lernen sie doch viel über den faszinierenden Prozess der Kristallisation.

Material: Strohhalm, spitze Schere, großes weißes Ei oder halbe Plastikeier (ist leichter), Alaunpuder (*potassium aluminum sulfate*), kleiner Pinsel, Plastikschüssel, Weißleim, Eierfarben oder flüssige Lebensmittelfarben, heißes Wasser, Löffel, Gummihandschuhe, Abtropfgitter, Küchenrolle

Das Ei auf beiden Seiten anbohren und mit Hilfe eines Strohhalmes auspusten. Das Ei dann ganz vorsichtig der Länge nach halbieren Am besten geht das mit einer ganz spitzen Schere, ausgehend von einem der Ausblaslöcher. Trotzdem schwer.
Dann die Hälften innen sauberwischen und trocknen lassen.

Mit dem Pinsel den Weißleim auf die Innenseiten der Eihälften und auf die Bruchkanten auftragen. Dann den Leim mit Alaunpuder besprenkeln, bis alles komplett bedeckt ist. Man kann auch Alaunpuder einfüllen, herumschütteln und den Rest wieder herausbefördern, was die meisten Kinder ohnehin tun.

Eierschalen über Nacht trocknen lassen.

Am nächsten Tag in einer Plastikschüssel 2 Tassen beinah kochendes, also sehr heißes Wasser mit einer Packung Eierfarbenpulver oder ca. 40 Tropfen Lebensmittelfarben verrühren.

Eine ¾ Tasse Alaunpuder zu der heißen Mischung zufügen und mit einem Löffel so lange rühren, bis alles sich komplett aufgelöst hat. Wenn noch Kristalle am Boden sind, kurz in die Mikrowelle tun.

Ist die Lösung fertig, etwa 30 Minuten abkühlen lassen. Nun eine Eierschale hineintauchen und absinken lassen. Sie soll mit der offenen Seite nach oben über Nacht (12–15 Stunden) an einem sicheren Platz ungestört ruhen, damit sich Kristalle bilden können. Je länger, desto größer die Kristalle.

Auf einem Abtropfgitter trocknen lassen. Am besten Gummihandschuhe tragen. Ist das Ergebnis noch nicht überzeugend, einfach 1 bis 2 Tage länger tauchen.

Die Lösung kann für eine weitere Eihälfte verwendet werden. Dazu die Kristalle am Boden der Schüssel wieder komplett durch Rühren auflösen, falls nötig noch mal kurz in der Mikrowelle erhitzen.

Drachenhöhle bauen

Rustikale Papphöhle!

Material: 1 großer Pappkarton, Schere, jede Menge Frühstückstüten aus Papier, Klebstoff, Cutter, Pinsel, graue und braune Farbe

Ein Erwachsener schneidet an der Oberseite die Kartonstreifen weg.

Karton mit dem Boden nach oben hinstellen und eine runde Tür herausschneiden.

Die Kinder schneiden die Tüten auf einer Seite und am Boden auf. Tüten gründlich zerknüllen und wieder auseinanderziehen.

Den Karton außen damit bekleben. Dann in den Karton krabbeln und innen auch mit dem zerknüllten Tütenpapier bekleben. Die Tüten dabei immer ein Stück weit übereinander kleben.

Trocknen lassen und noch schön graubraun oder eben so anmalen, wie man sich eine Höhle vorstellt.

Geschichte: Die verlorenen Eier der Drachenkönigin Kristina Kristallina

Nur einmal alle tausend Jahre legt die Drachenkönigin Kristina Kristallina zwei besonders schöne und kostbare Eier, die sie Tag und Nacht bewacht.

Ab und zu macht sie ein kleines Nickerchen, aber nur ganz kurz.

Bis jetzt ist das auch immer gut gegangen. Noch nie hat sich ein anderer Drache an ihr Nest herangetraut. Bis jetzt! Denn als Kristina vorhin aufgewacht ist, waren die kostbaren Schätzchen weg! Der kleine Feuerdrache Fuego hat sie aus lauter Jux und Dollerei entführt.

„Drachenkinder!", befiehlt daraufhin die wütende Drachenkönigin, „findet die Eier und bringt sich sicher zu mir zurück. Das ist ein Befehl!"

Vor lauter Wut spuckt sie grünes Feuer, und ihre Augen schleudern gelbe Blitze.

Die Drachenkinder, das seid natürlich ihr. Also los. Macht euch auf die Suche.

Zu eurem Glück hat der freche kleine Räuber so manche verkokelte Hinterlassenschaft als Spur auf dem Weg zu seiner Höhle hinterlassen.

Er freut sich diebisch und macht nun ein echtes Spielchen aus der ganzen Geschichte. In Wirklichkeit will Fuego die Eier ja gar nicht behalten. Aber er ist nun mal ein unverbesserlicher Streichespieler.

Und nun: Auf LOS geht die Suche los!!!

LOS!

Wenn die Eier gefunden sind, werden sie von der Spielleitung eingesammelt. Alle gehen zusammen an den Startpunkt zurück. Zur Belohnung wartet auf die Kinder dann ein „Drachenschmaus" oder belegte Drachenbrote (siehe Seite 59).

2. Drachenland-Abenteuer: Der Drache, der seine Zacken verlor

Ein kleiner Drache, der seine Zacken verloren hat, fühlt sich unter seinen Kameraden wie ein schwarzes Schaf unter lauter weißen.

Alter: ab 4 Jahren
Material: grüner Tonkarton, Schere, rote Wäscheklammern

Vorbereitung: Auf Tonkarton malen alle zusammen einen tollen Drachen. Der wird ausgeschnitten und für alle erreichbar platziert. Dann versteckt die Spielleitung auf einem ausgewählten Spielbereich entweder drinnen oder draußen eine bestimmte Anzahl Wäscheklammern.

Die Spielleitung beginnt damit, die Geschichte zu erzählen:

Geschichte: Vom Drachen, der seine Zacken verlor

Als der kleine Glücksdrache Fuego an einem schönen Sommermorgen aufwachte, räkelte er sich erst mal gemütlich in seinem Nest. Er reckte und streckte sich. Plötzlich erschrak er fürchterlich. „Huch!", schrie er entsetzt. „Wo sind denn meine Zacken?" Tatsächlich. Seine Zacken waren weg. „Hilfe, Hilfe!", brüllte Fuego.

Neugierig kamen die anderen Drachenkinder angelaufen.
Als sie den zackenlosen Fuego sahen, fingen sie an zu lachen.
„Huh, wie siehst du denn aus?", spotteten sie.
„Hau ab", schrie der kleine Drache Puffpuff. „Geh weg von uns. Du bist ja gar kein richtiger Drache mehr."

Nun kommt die Fantasie der Kinder mit ins Spiel. Wie könnte die Geschichte denn weitergehen? Nur das Ende wird verraten:
Alle Drachen suchen schließlich zusammen nach den Zacken.

Die Kinder suchen die verlorenen Zacken und klammern sie dem Drachen wieder an den Rücken.

Das große Drachen-Spielefest

Huhu, hier ist Fuego. Hey, habt ihr Lust auf ne heiße Party?
Na, dann fackeln wir erst gar nicht lang herum. Ich zeig euch jetzt mal
meine Lieblings-Partyspiele. Und danach gibt's Drachenfutter!

FUEGOS DRACHEN-PARTYSPIELE

Tanz auf dem Vulkan

Fuego hat vor nichts Respekt. Nicht mal vor Vulkanfuzzis. Vulkanfuzzis sind sehr schmur-
gelige Geisterchen, die in den Kratern hausen. Ein heißer Spaß mit viel Musik

Alter: ab 4 Jahren
Material: jede Menge Matten, Kissen und Matratzen, Platz im Freien oder großer
Raum, flotte Musik

Alle Matten in der Mitte der Spielfläche auslegen.
Die Kinder bilden zwei Gruppen.
Eine Gruppe spielt Vulkanfuzzis, die andere Drachenkinder.
Jedes Fuzzi-Kind nimmt ein Kissen in die Hand und kauert sich ganz eng auf die Mat-
ratzen. Sind noch Kissen übrig, werden sie über die hockenden Vulkanfuzzis gehäuft.
Beginnt die Musik, tanzt die Gruppe der Drachenkinder wild um den „Vulkan" im Kreis
herum.
Stoppt die Musik, müssen die Drachenkinder schnell abhauen, weil die schlecht
gelaunten Vulkanfuzzis mit glühenden (Kissen) Steinen nach ihnen werfen.
Wer getroffen ist, spielt in der nächsten Runde Vulkan, und die Vulkanfuzzis werden zu
Drachenkindern.

Tipp: Das Spiel mit Feuermusik begleiten:

Material: 1 Stock aus Bambus (ca. 50 cm Länge), 1 Taschenmesser

Mit dem Taschenmesser alle 5 mm eine ca. 20 cm tiefe Spalte in ein Ende des Stockes
einritzen, bis das Teil rundherum aus einzelnen Fasern besteht.
Die Bambusfasern zwischen beide Handflächen nehmen und kräftig hin und her reiben.
Huch, das klingt ja wie Feuergeprassel!

Der komische Spiegel-Drache

Visuelle Wahrnehmung mal ganz anders. Eine schöne Aktion zur Förderung von Raum-, Bewegungs- und Richtungswahrnehmung.

Alter: ab 5 Jahren
Material: 1 Taschenspiegel je Teilnehmer

Jedes Kind bekommt einen Taschenspiegel und hält ihn in der einen Hand.
Die andere Hand wird beim Vordermann auf die Schulter gelegt. Fertig ist der Drache.
Die Spielleitung geht als Drachenkopf ganz vorne und führt die Kinder über einen möglichst interessanten Weg. Dabei gibt sie verschiedene Anweisungen zur Ausrichtung des Spiegels. Mal nach oben, nach links, nach rechts, nach unten. Und die Kinder staunen über eine ganz ungewohnte visuelle Wahrnehmung.

Das lustige Drachenrennen

Dieses Spiel macht den Kindern total viel Spaß. Damit lässt sich eine ganze Weile gute Laune verbreiten. Es geht aber auch um Geschicklichkeit und Feinmotorik, denn die Wickelei stellt doch eine gewisse Anforderung dar. Und vor allem in der Variante können die Kinder auch im sozialen Bereich profitieren, da sie als Gruppe gut zusammen agieren müssen, um das Spiel zu gewinnen.

Alter: ab 5 Jahren
Material: Tonkarton, Schere, Klebstoff, Stifte, Schnur in gleicher Länge (6–10 m je nach Platz) für jeden Drachen, 1 Stock je Mitspieler

Vorbereitung: Am praktischsten ist es, wenn die Spielleitung vorher eine Drachenschablone aus Pappe herstellt und so jedem Kind eine fertige Vorlage in gleicher Größe gibt, die dann schön bemalt und verziert und ausgeschnitten wird. Dann hilft die Spielleitung beim Befestigen der Schnur an Dino und Stock.

Die Kinder stellen sich nebeneinander in einer Reihe auf. In der Hand haben sie den Stock mit der Drachenschnur.
Die Drachen werden im „Drachenschnurabstand" ebenfalls in einer Reihe vor den Kindern platziert.
Auf das Startzeichen hin wickeln alle die Schnur so schnell wie möglich um ihren Stock und ziehen so ihre Drachen an sich heran. Na, welcher flinke Drache gewinnt wohl diesmal das spannende Rennen? Und dann: auf zur nächsten Runde.

Variante für Ältere: Zwei Mannschaften bilden. Jede Mannschaft hat einen Drachen. Die zwei ersten Kinder der Reihe spielen jeweils gegeneinander. Wer den Drachen zuerst herangeholt hat, übergibt diesen Stock an den nächsten Spieler seiner Mannschaft. Bevor Spieler Nummer zwei aber loslegen kann, muss Spieler Nummer eins den Drachen wieder an seinen ursprünglichen Startplatz zurückbringen, während Spieler zwei gleichzeitig die Schnur abwickelt. Die Mannschaft, bei der der Drache zuerst wieder angekommen ist, hat gewonnen.

Drachenjagd

Dieses Spiel macht nicht nur Freude, es fördert auch die Kooperation zwischen den Kindern Da sie kaum direkt treffen können, müssen sie nämlich per Ballabgabe einen Mitspieler in eine möglichst günstige Schussposition bringen.

Alter: ab 5 Jahren
Material: Ball

Die Kinder bilden einen Spielkreis und stellen sich mit dem Gesicht zur Mitte auf.
Zwei Kinder werden ausgewählt.
Sie bilden hintereinander stehend Kopf und Schwanz des Drachens. Dazu umfasst das hintere Kind mit seinen Händen die Hüfte des vorderen und beugt sich nach vorn.
Dieser seltsame Drache wandert nun in die Kreismitte.
Die anderen Kinder sind mutige Drachenjäger und versuchen, mit einem Ball möglichst direkt auf den Drachenschwanz zu treffen. Der Drache wendet sich allerdings immer dem Ball zu, also ist das gar nicht so einfach.
Wird der Drachenschwanz direkt von hinten getroffen, wird der erfolgreiche Drachenjäger zum Schwanz. Der Schwanz aber wird zum Kopf, und der Kopf zum Drachenjäger.

DRACHENSCHMAUS

Spielen macht hungrig! Mit den folgenden Leckereien können kleine Drachen ihre Akkus wieder auftanken und danach mit frischer Energie zu neuen Taten schreiten.

Saftige Mini-Drachen

Diese putzigen Drachen sind sicher ganz nach dem Geschmack der Kinder. Einfach zum Fressen.

Material: eine halbe Birne (längs halbiert), Rosinen, Mini-Marshmallows, Messerchen, Cashewnüsse

Birne auf die Schnittfläche legen. An der runden Seite oben zwei Ritze schneiden und die Cashews als Ohren hineindrücken.
Von den Marshmallows zwei Scheibchen schneiden und als Augen aufkleben.
Rosinen als Pupillen auf die Scheiben drücken. Sie kleben von selbst, ebenso wie die Marshmallowscheiben auf der Birne. Zwei Löchlein bohren und Rosinen als Nasenlöcher hineinstecken. Unten drunter eine kleine Rosine platt drücken und lang rollen und als Zunge drunterklemmen.

Purpurdrachen-Smoothie

Für starke Drachenkinder!

Zutaten: 1 Tasse gefrorene Blaubeeren, ½ Tasse Orangensaft, 1,5 l Joghurt und evtl. Honig oder anderes Süßungsmittel
Material: Messer, Brettchen, Stabmixer, Rührschüssel, Trinkbecher, Strohhalme

Die Zutaten in die Rührschüssel geben und gut durchmixen.

Glücksdrachen Smoothie

Wird genauso zubereitet wie der Purpurdrachen-Smoothie.

Zutaten: 1 Tasse gefrorene Mangostücke, ½ Tasse Orangensaft, 1,5 l Joghurt und evtl. Honig oder anderes Süßungsmittel

Drachenkekse oder Drachenbrote

Dazu braucht man eine Drachen-Ausstechform, deren Anschaffung sich aber sicher lohnt. Ich habe damit auch schon belegte Drachenbrote gemacht, zu denen ich hier aber keine Anleitung gebe, da das wirklich einfach ist. Da lassen sich auch alle Kinder am liebsten selber was einfallen.

Zutaten für Kekse: 1-2-3 Keksteig (Anleitung Seite 74), Backdeko wie Perlchen, Streusel, Lebensmittelfarben in der Tube
Material: Drachenausstecher (gibts im Internet, Kostenpunkt etwa 3 Euro), Backblech, Rührschüssel, Backpapier, Mixer

Die Kekse backen, abkühlen lassen und dann die Drachen schön verzieren. Sie bekommen Augen und vielleicht Schuppen oder ...

Zutaten für Brote: Verschiedene Brotsorten, Beläge nach Wahl und Gemüse zum Verzieren.

COOLE DRACHENPARTY-KREATIVECKE

Auf unserer tollen Drachenparty wird nicht nur gespielt und getanzt. Alle kleinen Drachen- und Menschenkinder sind auch herzlich eingeladen, sich in der Kreativecke so richtig auszutoben.

Der verkokelte Rußdrache

Alter: ab 4 Jahren
Material: Margarine, Porzellanteller, brennende Kerze, Stift, Papier

Margarine auf die Unterseite des Tellers streichen. Das geht am besten mit den Fingern. Teller dann über die Kerzenflamme halten. Nun bildet sich Ruß, der durch das Fett streichzart ist.
Mit dem Ruß ein schönes Drachen-Selbstporträt drucken. Dazu Finger und Hände benutzen, und eventuell mit Stift noch ein wenig nachhelfen.

Rauchkringel

Alter: ab 4 Jahren
Material: ein 20 cm Kartonwürfel (z. B. Verpackung oder selbst gebastelt)
Schere, 2–4 Räucherkegel, feuerfeste Unterlage

Ein rundes Loch von 3 cm Durchmesser in die Mitte des Kartondeckels schneiden. Karton dann so hinlegen, dass seine Öffnung seitlich ist. Die Spitze der Räucherkegel entzünden und diese auf dem feuerfesten Untersatz in den Karton stellen. „Deckel" schließen.
Mit der Hand auf den Karton klopfen oder drücken – und aus dem Karton kommen kleine Rauchwölkchen und Kringel.

Drachenspuck-Farbfeuerwerk

Hier können die Kinder ausprobieren, wie so ein Drachenspuck-Farbfeuerwerk aussehen könnte. Am besten draußen bei schönen Wetter.

Alter: ab 4 Jahren
Material: 1 Malplatte, Dispersionsfarbe, 1 Schaumstoffröllchen, Acrylfarben aus der Tube oder Plaka- oder Fingerfarben, kleine Partybecher, Einwegspritzen (ohne Nadel!)

Die Malplatte grundieren die Kinder mit dem Röllchen und Dispersionsfarbe. Dann mischen sie Einzelfarben mit Wasser in den kleinen Bechern an.

Farbe in einer Spritze aufziehen. Die Spritze dann mit der Spitze nach oben über das Blatt halten und die Farbe mit Druck aus der Spritze in die Luft schleudern, sodass sie auf dem Blatt landet.

Bunter Becherdrache

Schöne Deko für Drachen-Fantasiespiele

Alter: ab 5 Jahren mit ein wenig Hilfe

Material: 10 Trinkbecher: grün für den Kopf, sonst nach Wahl, Krepppapier in verschiedenen Farben, feste Schnur, Klebstoff, Schere, Tonpapierreste weiß, schwarz, rot, gelb

Ein Löchlein in die Trinkbecherböden bohren.

Die Trinkbecher hintereinander auf die Schnur auffädeln, wobei der erste grün sein sollte, denn das ist der Kopf. Da einen Knoten machen, damit der Faden nicht durchrutscht, und am Ende auch.

1 cm breite Streifen aus Krepppapier schneiden, Länge ca. 20 cm.

Streifen in der Mitte falten und alle am Mittelknick hintereinander an einer Seite der Becher festkleben. Das ist dann die Unterseite vom Drachen.

An der Oberseite des Kopfbechers ein kleines Loch durch die Randverdickung bohren und eine Halteschnur einknoten. Der andere Teil der Halteschnur wird genauso an der Randverdickung von Becher Nummer Sieben befestigt.

Aus Tonpapier nun den grünen Becher zum Drachenkopf gestalten. Augen aufkleben und ein Maul usw.

SILBERLOCKES BRIEF AUS DEM TRAUMLAND

Am zauberhaftesten für Kinder ist es, wenn dieser Brief, der ihnen vorgelesen wird, auf einem schönen Papierbogen geschrieben und mit Glitzer bestreut ist.

Liebe Kinder! (*oder den Namen des/der Kinder einsetzen*)

Ich bin Silberlocke, das kleine Einhorn.

Wisst ihr, wie Einhörner aussehen? Fast wie zierliche weiße Pferdchen. Aber wir sind keine Pferde, sondern Zauberwesen aus der Traumwelt. Wir tragen ein besonderes Zeichen auf der Stirn: ein schönes langes Horn. Aber nur eins. Schließlich sind wir keine Kühe!
Außerdem haben manche von uns Flügel. Meine sind noch nicht gewachsen, aber wenn ich groß bin, kann ich bestimmt im Traumland herumfliegen.
Das ist nämlich meine Heimat: das wunderbare Traumland im unendlichen Reich der Fantasie.

Ich schreibe euch jetzt diesen Glitzerbrief, um euch in dieses Traumland einzuladen.
Ich bin sicher, dass wir zusammen großen Spaß haben werden.
Hach. Ich bin ja so aufgeregt. Noch nie zuvor habe ich mit dem Huf einen Brief an Menschenkinder geschrieben und Glitzerstaub drüber gestreut. Ich hoffe, er glitzert nicht zu viel, aber auch nicht zu wenig.

Nun wollt ihr sicher wissen, wo die Reise genau hingehen soll. Wo ist denn dieses seltsame Land? Ihr werdet es vielleicht nicht glauben, aber ihr kennt es alle. Oder träumt ihr etwa nicht? Ja! Denkt nur: unser märchenhaftes Traumland liegt tief verborgen im Reich der Fantasie. Und da träumt ihr euch doch immer wieder gerne hin, jeder für sich. Oder etwa nicht?

Unser fantastisches Traumland ist vielleicht hoch oben am Himmel, hinter den riesigen Wolkenbergen. Weit, weit weg von der Erde, über dem Regenbogen. In der Nähe vom guten alten Mond, wo der Sandmann mit den Himmelskindern und allen anderen Traumwesen wohnt.
Die freuen sich alle schon auf euch, und ich natürlich auch.

Ihr könnt mit einem fliegenden Teppich hinfliegen und schöne Spiele spielen. Oder wollt ihr lieber dem Mondmann helfen, verlorene Sterne zu finden? Vielleicht habt ihr auch Lust, mal über den Regenbogen zu spazieren, oder bei einer anderen lustigen Geschichte mitzumachen? Außerdem erzähle ich euch noch meinen fantastischen Traum. Und das ist längst noch nicht alles, was euch hier erwartet. Nur: mehr verrate ich jetzt nicht, sonst ist es ja gar nicht mehr spannend.

Na, neugierig? Schön, dann erwarte ich euch.
Also: Bis bald im wunderbaren Traumland.

Herzliche Grüße von
Einhorn Silberlocke

Die Reise auf dem fliegenden Teppich

Mit dem fliegenden Teppich geht es ins wunderbare Traumland.
Die folgende Fantasiereise-Geschichte wird von der Spielleitung vorgelesen. Sie kann natürlich auch dem Sinn nach selbst gestaltet werden.
Die Kinder sind Reisende auf dem fliegenden Teppich und folgen den Anweisungen.

Alter: beliebig
Material: 1 Teppich oder eine große Decke, eventuell ruhige Musik im Hintergrund

Spielleitung:
Liebe Traumreisekinder. Nehmt alle Platz auf dem fliegenden Teppich.
Sitzt ihr auch schön bequem?

Die Reise beginnt. Wir fliegen jetzt in ein wunderbares Traumland.
Aber Achtung: beim Start hat der gute alte Teppich manchmal Schwierigkeiten.
Mit einem Spruch könnt ihr ihm sicher beim Losfliegen helfen:

Teppich, lös dich von der Erde,
schwebe in die Luft hinein.
Flieg so schnell wie Zauberpferde,
bald wirst du am Ziel schon sein.

Spürt ihr es? Langsam beginnt der Teppich sich zu heben.
Es ruckelt und zuckelt ein wenig.
Haltet euch aneinander fest, damit ihr nicht herunterpurzelt.
Oder hakt euch ein, dann seid ihr auch sicher.
Nun geht es hoch hinauf. Dreht euch um.
Werft einen Blick zurück auf die Erde, wo eure Heimat ist.
Und winkt noch mal zum Abschied.

Der Teppich fliegt höher und höher. Die Häuser unten sehen aus wie kleine Spielzeuge.
Huh, jetzt wird es aber ganz schön kalt.
Rückt am besten ganz nah zusammen, dann könnt ihr euch gegenseitig wärmen.
Es bläst auch ein heftiger Wind.
Duckt euch ganz runter, damit euch die Ohren nicht abfrieren.
Gleich fliegen wir über die ersten Wolkenberge.

Oh, der Teppich kommt nicht richtig hoch.

Lehnt euch mal weit nach hinten. Ja, gut. So kann er besser aufsteigen.

Geschafft. Ihr könnt euch wieder hinsetzen wie ihr wollt, denn der Teppich fliegt wieder geradeaus. Er schaukelt euch ein wenig hin und her, hin und her.

Nun werdet ihr schon müde, stimmt's? Wir sind ja auch schon eine ganze Weile unterwegs.

Sucht euch ein kuscheliges Plätzchen und legt euch gemütlich hin.

Schließt die Augen und schlaft einfach ein Weilchen.

...

Ah, gut. Jetzt habt ihr euch genug ausgeruht und wacht wieder auf. Inzwischen ist der Teppich mit euch schon sehr, sehr weit geflogen.

Gleich schweben wir an der Sonne vorbei. Augen zu, denn das Sonnenlicht ist sehr, sehr hell.

Oh, was ist denn jetzt los? Unser Teppich hüpft ja.

Ach so, ich verstehe. Er freut sich, weil er merkt, dass wir bald im Traumland angekommen sind.

Haltet die Hand vor die Augen. Könnt ihr es schon sehen?

Oh, wie schön. Überall um uns herum sind leuchtende Regenbogen. Und wie es dort glitzert und glänzt! Nun geht es noch über Silberseen und Kristallhügel.

Der Teppich verliert langsam an Höhe. Beugt euch ein wenig nach vorne.

Wir sind schon im Landeanflug.

Nun dreht der Teppich noch eine kleine Runde.

Seht ihr die Sternenkinder? Und die Einhörner? Den Sandmann? Den Mondmann vielleicht auch? Ich glaube, alle Himmelskinder winken uns. Winkt ihnen doch auch.

Huhu, wir kommen!

Haltet euch gut fest, Kinder. Gleich landen wir, und das hoppelt wieder ein wenig.

...

So, geschafft. Ihr dürft nun wieder aufstehen.

Die Reise ist zu Ende.

Wir sind endlich im Traumland angekommen!

Hinter dem Regenbogen auf Wolken schweben

Im Traumland angekommen, warten schon die Himmelskinder: Einhörner, Sternenkinder, Luftikusse und wie sie alle heißen. Sie freuen sich alle sehr, dass die Kinder von der Erde endlich da sind. Und wenn alles vorbereitet ist, gibt es für sie auch gleich etwas zu tun.

VORBEREITUNGEN (BASTELN):

Regenbogen

Alter: ab 3 Jahren
Material: große Tonpapierbögen Din-A2 in den Regenbogenfarben: rot, orange, gelb, grün, blau, violett, eine schmale Holzlatte, Doppelklebeband

Tonpapier in den Regenbogenfarben aneinanderlegen und mit Doppelklebeband am Boden fixieren. Die schmale Holzlatte in die Mitte legen.

Wunderad
Für die Spielaktion werden 3 Wunderräder benötigt

Alter: Lesealter, mit Hilfe ab 5 Jahren
Material: Hula-Hoop-Reifen aus Holz, Durchmesser 80 cm; 10 Stoffstreifen: je 2 rot, gelb, grün, blau, lila, 85 cm lang und 5 cm breit; Tacker, der für Holz geeignet ist; Bindfaden

Die lila Bänder leicht spannen und so auf den Reifen tackern, dass ein Kreuz entsteht.
Rechts oben neben dem lila Streifen jeweils nebeneinander ein rotes, gelbes, grünes und blaues Band zur Seite gegenüber spannen und festtackern. Die Viertel rechts oben und links unten sind damit gefüllt.
Nun das Viertel rechts unten und links oben ebenso mit den Bändern in gleicher Reihenfolge füllen. In der Mitte des Rades die Bänder mit einem Faden zusammenbinden. So verrutschen sie nicht und bleiben straff.

Zwillingssterne

Alter: ab 4 Jahren
Material: einige gleich große (ca. Din-A6) Sternschablonen; dünner Karton; Stifte;
Bastelscheren; Klebestifte; jede Menge Materialreste wie z.B. Watte, Wellpappe,
Teddy- oder anderer Stoff, Federn, Filz, Schmirgelpapier

Die Kinder malen mit Hilfe der Sternschablonen viele Sterne auf und schneiden sie aus
Karton. Dann bekleben sie jeweils zwei Sterne mit demselben Material.

Wolken

Alter: ab 3 Jahren
Material: Bettbezug, viele Luftballons, Ballonpumpe

Luftballons halb aufblasen und zuknoten. Ballons in den Bettbezug stecken.

DIE SPIELAKTION

Wunderräder über den Regenbogen bringen

Das kleine Einhorn Silberlocke (Spielleitung) begrüßt die Gäste.

Silberlocke: „Willkommen im Traumland, ihr Menschenkinder. Schön, dass ihr endlich
da seid. Wir können eure Hilfe gut gebrauchen. Die Wunderräder müssen mal wieder
von der einen Seite des Regenbogens zur anderen hin und her gerollt werden.
Wenn ihr schnell genug rollt, werdet ihr das Wunder sehen.
Sobald die Räder stillstehen, leuchten die Farben wieder frisch und schön. Also los.
Nach der langen Reise macht euch das bestimmt Spaß.
Aber passt auf, dass ihr nicht herunterpurzelt.

Silberlocke geht zuerst über den Regenbogen.

Die ersten drei Kinder schnappen sich ein Wunderrad und balancieren auf dem schmalen Brett hintereinander her. Dabei rollen sie das Rad so schnell wie möglich über den Regenbogen.

Oh Wunder! Was passiert denn da mit den Farben? Sie verschwinden ja!
Das sehen allerdings nur die zuschauenden Kinder. Wenn der Reifen schnell rollt, ergibt sich aus der Mischung der Regenbogenfarben Weiß oder beinahe Weiß.
Silberlocke bringt dann die Räder wieder zurück und führt das nächste Kindergrüppchen auch wieder über den Regenbogen usw.

Die verlorenen Zwillingssterne
Kaum sind die Kinder über den Regenbogen gegangen, erwartet sie eine neue Aufgabe.

Material: Augenbinden, Sanduhr

Vorbereitung: Die Kinder bekommen die Augen verbunden. Die Spielleitung verteilt die Sterne auf dem Boden.

Silberlocke: Nein so etwas! Kinder! Es ist ja auf einmal stockdunkel. Und ich brauche schon wieder eure Hilfe. Diese Wunderräder haben so einen Wind gemacht, einen richtigen Sturm! Stellt euch vor: die Zwillingssterne, die gerade Hand in Hand spazieren gegangen sind, sind dabei alle getrennt wurden. Wer von euch schafft es, (in der und der Zeit) die meisten Zwillinge wieder zusammenzubringen?

Das erste Kind versucht, innerhalb der von der Spielleitung festgelegten Zeit mit verbundenen Augen so viele Sternenpaare wie möglich zu ertasten.
Danach werden die Sterne wieder ausgelegt, und das nächste Kind darf suchen. Wenn alle „durch" sind, dürfen die Kinder zur Belohnung endlich alle auf den Wolken schweben.

Auf den Wolken schweben
Das ist ein himmlischer Spaß und fördert das Gleichgewichtsempfinden. Einfach eine oder mehrere „Wolken" auslegen ...

Silberlocke: Danke, liebe Kinder. Vielen Dank. Ihr habt ganz toll geholfen. Und als Belohnung dürft ihr jetzt mal so richtig auf Wolken schweben!
Wer schafft es denn nun, vom einen Ende zum anderen zu krabbeln?
Oder zu laufen? Natürlich ohne hinzupurzeln. Gar nicht so einfach!

Zwischendurch-Traumland-Kinderspiele

Alle Traumlandbesucher sind jederzeit herzlich eingeladen, zwischendurch ein wenig zu basteln und dann die folgenden Spielchen immer mal wieder einzeln oder auch zusammen zu spielen.

Wie Sternenkinder stehen lernen
Das ist ein sehr lustiges Spiel, bei dem die Kinder mit viel Spaß die Farben kennenlernen und mit etwas Glück auch ihren Sternenkindern das Stehen beibringen.

Alter: ab 4 Jahren
Material: Sternschablone, Farbwürfel, Tonkarton in den Farben des Farbwürfels (oder weißer Karton und Stifte in den entsprechenden Farben), Schere, Stifte, 6 Wäscheklammern je Teilnehmer

Vorbereitung: Jedes Kind malt mit Hilfe der Schablone auf den Tonkarton in den Farben des Farbwürfels sechs Sterne auf. Diese sechs verschiedenfarbigen Sterne je Kind werden ausgeschnitten und bekommen lustige Gesichter aufgemalt.

Die Spieler sind Sternenmama oder- papa, die Kartonsterne ihre Kinder.
Die Sternenkinder mischen und verteilen.
Jede Sternenmama bekommt sechs verschiedenfarbige Sternenkinder und dazu noch sechs Wäscheklammern.
Es wird dann reihum mit dem Farbwürfel gewürfelt.
Wer eine seiner Farben würfelt, darf eine Wäscheklammer an das passende Sternenkind anklammern.
Wessen Sternenkinder wohl als Erste auf ihren Wäscheklammer-Beinen stehen?

Sonnen- und Mondkinder
Ein netter Wettbewerb zwischen Sonnen- und Mondkindern

Alter: ab 4 Jahren
Material: Bierdeckel, weißes Papier (Druckerpapier), Schere, gelbe Wachskreidestifte, kleine Klebesterne (Aufkleber), Schere, Klebstoff

Vorbereitung: Jedes Kind beklebt einen Bierdeckel mit weißem Papier und schnippelt mit der Schere die überstehenden Ränder ab. Auf eine Seite wird mit gelber Wachskreide (oder dickem Filzstift) eine Sonne, auf die andere ein Mond gemalt.

Die Kinder in zwei Gruppen aufteilen: Sonnen- und Mondkinder.
Nacheinander rollt jedes Sonnen- oder Mondkind seinen Deckel. Dazu stellt es ihn vor sich auf und schubst ihn an. Erst mal üben schadet nicht, denn so einfach ist das gar nicht.
Liegt beim Fallen der Himmelskörper oben, zu dessen Gruppe das jeweilige Kind gehört, drückt ihm die Spielleitung einen kleinen Klebestern auf die Stirn.
Zum Schluss zählen alle zusammen die Sterne.
Wer hat mehr – die Mond- oder die Sonnenkinder?

Der seltsame Einhornschweif
Ja, wo sitzt er denn? Das gefällt allen kleinen Einhörnern …

Alter: ab 3 Jahren
Material: großes Plakat mit Bild eines Einhornes mit einem schönen Schweif, weiße Wolle, Schnur, Doppelklebeband, Augenbinde

Vorbereitung: Viele Wollfäden mit Doppelklebeband zu einem Schweif zusammenbinden.
In einer Gemeinschaftsaktion können die Kinder das Einhorn auch selber auf Tonkarton aufmalen. Eine Vorlage ist dabei allerdings hilfreich.

Jedes Einhornkind darf nun versuchen, den „Schweif" mit verbundenen Augen an das Einhorn anzuheften.
Na, wo ist der denn gelandet? Ist ja zum Wiehern – also alle mal wiehern.

1. Traumland-Geschichte: Der quirlige Luftikus und der Traumprinz

Eine traumhaftes Mitmach-Klangvergnügen. Wenn die Kinder die Geschichte mehrmals durchgespielt haben, fangen sie gerne an, sie nach eigenen Vorstellungen abzuwandeln. Da entstehen erst neue Töne und Geräusche, und dann verändert sich vielleicht die ganze Geschichte. Da sprüht die kindliche Fantasie in den buntesten Farben. Außerdem stellt sich die äußerst spannende Frage: Was ist denn ein quirliger Luftikus? Tja, ich hab zwar die Geschichte geschrieben, aber ich weiß es auch nicht!

Alter: ab 4 Jahren / mindestens 6 Kinder

Die sechs Rollen in der folgenden Geschichte werden unter den mitspielenden Kindern verteilt. Spielen mehr als sechs Kinder mit, können auch zwei oder mehrere gemeinsam eine Rolle übernehmen.

Bevor es mit der Geschichte losgeht, machen sich die Kinder erst mal mit ihrer Rolle vertraut und üben ein wenig ihre Einsätze. Das geht sehr gut, indem die Spielleitung sie einander gegenseitig vorstellt: Das ist der „quirlige Luftikus" usw.

Es treten auf:

Der **quirlige Luftikus**, der macht immer „hui hui".

Die Tochter mit dem **Nebelschnupfen**, die niest „hatschi, hatschi".

Die Tochter, die sich benimmt wie eine **giftige Windhexe** und böse kichert „hihihihihe".

Die **traumschlaue** Tochter, die säuselt „O trallala".

Der **leuchtende Traumprinz**, der immer guter Laune ist ruft: „O-ha!"

Das **silberne Einhorn** erkennt man am Geräusch seiner Hufe: „tagadamm-tagadamm."

Ablauf:

Die Spielleitung liest die Geschichte vor. Sobald die Person (oder das Einhorn) in der Geschichte vorkommt, dessen Rolle ein oder mehrere Kinder übernommen haben, machen sie dazu das entsprechende Geräusch.

Die Spielleitung unterstützt das durch eine kleine Erzählpause.

Die Kinder sollten ganz aufmerksam zuhören, damit sie ihren Einsatz nicht verpassen.

LUFTIKUS-GESCHICHTE

Im Traumland lebte vor langer Zeit einmal ein **quirliger Luftikus**. Er wohnte in einem wunderbaren Luftschloss. Dieser **quirlige Luftikus** hatte drei Töchter:

Die erste hatte einen **Nebelschnupfen**.

Die zweite benahm sich wie eine **giftige Windhexe**.

Und seine jüngste Tochter, die war **traumschlau**.

Eines Tages kam der **leuchtende Traumprinz** auf seinem **silbernen Einhorn** angeritten. Der **leuchtende Traumprinz** stieg vom **silbernen Einhorn** und stapfte in das Luftschloss. Er verbeugte sich höflich und sprach: „Sei gegrüßt, oh **quirliger Luftikus**. Ich bin gekommen um eine deiner Töchter zu heiraten."

Sofort rief der **quirlige Luftikus** seine älteste Tochter, die mit dem **Nebelschnupfen**. Sie ging ihm mit ihrer Nieserei gewaltig auf die Nerven, und er wollte sie nur zu gerne los werden. Daher sagte er zum **leuchtenden Traumprinzen**: „Hier. Diese Tochter, die einen **Nebelschnupfen** hat, kannst du sofort haben!"

Aber der **leuchtende Traumprinz**, schüttelte entsetzt den Kopf. „Niemals", rief er, „nein, **quirliger Luftikus**. Die mit dem **Nebelschnupfen** will ich nicht! Ist ja eklig. Nee, du!"

„Na gut", meinte daraufhin der **quirlige Luftikus.** Er rief also seine zweite Tochter, die sich benahm wie eine **giftige Wolkenhexe**. „Hier", sprach er zum **leuchtenden Traumprinzen**, „diese Tochter kannst du haben." „Die?", schrie der **leuchtende Traumprinz** ganz empört. „Pfui, igitt, bäh. Die benimmt sich doch wie eine **giftige Wolkenhexe**. Nein danke, behalte sie mal schön."

Wütend schwang er sich auf sein **silbernes Einhorn**, um auf der Stelle davonzugaloppieren. Im selben Augenblick kam aber die jüngste Tochter, die **traumschlau** war, um die Ecke gefegt. Der **leuchtende Traumprinz** sah dieser Tochter, die **traumschlau** war, in die kristallklaren Augen. Und die Tochter, die **traumschlau** war, sah dem **leuchtenden Traumprinzen** in die funkelnden Augen. Sofort verliebten sie sich ineinander.

Der **leuchtende Traumprinz** stieg wieder von seinem **silbernen Einhorn**. Er rannte zum **quirligen Luftikus** und rief begeistert: „Diese Tochter von dir, die **traumschlau** ist, die will ich heiraten." Aber der **quirlige Luftikus** antwortete: „Nix da. Diese Tochter, die **traumschlau** ist, die geb ich dir aber nicht!"

Da schnappte sich der **leuchtende Traumprinz** einfach die **traumschlaue** Tochter. Er lief mit ihr aus dem Luftschloss und setzte sie vor sich auf sein **silbernes Einhorn**.

Alle rannten schreiend hinterher: Der **quirlige Luftikus**, die Tochter mit dem **Nebelschnupfen** und die, die sich benahm wie eine **giftige Wolkenhexe**.

Aber der **leuchtende Traumprinz** war mit der **traumschlauen** Tochter schon längst fort. Nur ganz in der Ferne hörte man noch das Getrappel des **silbernen Einhorns**.

Dann endet die Geschichte so: „Und ein paar leckere Häufchen hatte das **silberne Einhorn** liegen lassen. Na so was! Guten Appetit, die könnt ihr euch nun schmecken lassen!"

EINHORN-HÄUFCHEN

Tja, so ein Häufchen ist schon sehr außergewöhnlich und außerdem eine wahre Delikatesse.

Alter: ab 4 Jahren
Material: entweder 1-2-3 Teig (Anleitung siehe unten) oder eine beliebige Fertigmischung heller Plätzchenteig, 4 verschiedene Lebensmittelfarben in Tuben, 4 Schüsselchen, Backpapier, Frischhaltefolie

Anleitung 1-2-3-Teig

Zutaten: 100 g Zucker, 200 g kalte Butter, 300 g Mehl, 1 kaltes Ei

Alle Zutaten rasch zu einem Teig verarbeiten. Oder Fertigteig nach Anleitung vorbereiten. Und dann:
Den Teig in vier Portionen aufteilen und jede Portion mit einer Farbe einfärben. Dann die Teigportionen einzeln zu Kugeln formen, die in Folie gewickelt mindestens eine halbe Stunde im Kühlschrank ruhen sollten.
Danach nimmt man von jeder Farbe ein Stück in Plätzchengröße und verknetet die vier Farbteigstücke rasch miteinander. Nicht zu lange kneten, damit die Farben noch klar erkennbar sind. Aus dem gemischten Teig eine ca. 2 oder 3 cm dicke Rolle rollen. Diese dann zu einem schönen (Kack-)häufchen formen und auf ein mit Backpapier belegtes Blech setzen.
Bei 170 Grad im vorgeheizten Ofen 10–15 Minuten backen.

2. Traumland-Geschichte: Silberlockes fantastischer Wunschtraum

Für jedes Kind oder jede Kindergruppe kommt irgendwann der Moment, wo das Bedürfnis nach Ruhe befriedigt werden möchte. Nach wildem Spiel, nach Aufregung und spannenden Abenteuern tut es einfach gut, auch mal zu entspannen. Die folgende Vorlesegeschichte eignet sich sehr gut dafür, denn sie lädt zum „Mitträumen" ein.

TRAUMKISSEN

Als vorbereitende Aktion können die Kinder ein schönes Traumkissen anfertigen. Ein selbst gemachter duftender Stern, ein Mond- oder Wolkenkissen lässt sie federleicht in die Geschichte hinein- und mit ihr in wunderbare Traumwelten entschweben.

Alter: Lesealter oder ab 4 Jahren mit Unterstützung von Erwachsenen
Material: Schere, Nadel, Faden, Stoffreste, Nähmaschine, Schneiderkreide, Melisse und/oder Lavendel getrocknet, evtl. andere getrocknete Kräuter, Papier, Stift

Die Kinder überlegen, wie groß ihr Kissen sein soll. Dabei berät die Spielleitung und denkt auch daran, dass die Teile mit rundherum zusätzlich ca.1 cm Nahtzugabe gemalt werden sollen. Also nicht zu winzig.

Dann malen die Kinder in der gewünschten Größe einen schönen (großzackigen!) Stern, einen Mond oder eine Wolke auf Papier. Diese Zeichnung ausschneiden. Sie dient als Schnittmuster.

Aus den Stoffresten schneiden die Kinder dann zwei gleich große Teile zu. Dazu wird das Schnittmuster aus Papier mit Stecknadeln auf dem Stoff festgesteckt.

Mit Kreide lässt sich der Schnitt leicht auf den Stoff übertragen, indem um den Schnitt herum gezeichnet wird.

Danach müssen die beiden Stoffteile rechts auf rechts aufeinandergelegt und zusammengenäht werden. Entweder übernimmt das ein Erwachsener mit der Nähmaschine, oder mit der Hand. Manche Kinder können das auch schon selber. Aber Achtung: Nicht ganz zunähen, sondern an einer Stelle die Naht ein paar Zentimeter weit offen lassen.

Den Stoff dann herumdrehen, damit die Nähte innen liegen.

Die Kinder können ihr Kissen anschließend selber mit dem Füllmaterial füllen. Nicht zu viel hineinstopfen, sonst wird das Kissen ungemütlich prall.

Mit Nadel und Faden schließlich das restliche kleine offene Stück zunähen.

Wenn die Kissen alle fertig sind, legen die Kinder sich an einem gemütlichen Plätzchen hin und lauschen der folgenden (oder einer anderen) Geschichte.

SILBERLOCKES FANTASTISCHE TRAUMREISE

Das kleine Einhorn Silberlocke hat einen großen Traum.

„Ach!", seufzt es, „ach, ich möchte so gerne mal auf die Erde.

Wenn ich vom Wolkenberg runtergucke, kann ich sie sehen. Schön ist sie, wie ein dicker blauer Ball. Ach, wenn ich doch nur einmal hin könnte. Aber wie soll das gehen? Ich kann doch nicht einfach durchs Weltall fliegen. Oder? Schade", seufzt das kleine Einhorn. Es kuschelt sich in sein Wolkenbett und gähnt: „Huua, bin ich müde."

Kaum hat Silberlocke die Augen geschlossen, kommt der Sandmann. Leise tippelt er heran und streut goldenen Sand über das kleine Einhorn.

Dann nimmt er eine silberne Locke in seine Hand. Und – huihui – fliegt er wie ein Sausewind mit dem Einhorn davon.

Nur ein Augenzwinkern später landen die beiden auf der Erde.

Staunend steht Silberlocke auf einer grünen Wiese. Da wachsen ja bunte Blumen. Und Bäume.

Übermütig springt das kleine Einhorn im Gras herum.

„Juhu!", jubelt es. „Ist das toll hier! Komm, Sandmann, lass uns spazieren gehen. – Sandmann?"

Suchend blickt sich Silberlocke um, aber der Sandmann ist verschwunden.

„Oh", flüstert Silberlocke, „nun muss ich wohl alleine die Erde erkunden."

Dann trabt das kleine Einhorn fröhlich über die Wiese und in den Wald hinein.

Plötzlich hört es ein komisches Geräusch.

Seltsam. Was knattert und brummt denn da so?

Neugierig läuft Silberlocke weiter. Huch! Was ist denn das?

Erschrocken bleibt das Einhorn stehen und trippelt auf der Stelle.

Riesige Tiere rattern einen breiten Weg entlang. Sie rasen und stinken und qualmen. Richtig gefährlich sehen die aus.

Als eins dieser Ungetüme stehen bleibt, ergreift das kleine Einhorn die Flucht. Aber zu spät. Die Kinder, die an der Bushaltestelle ausgestiegen sind, haben Silberlocke gesehen. Die meisten glauben, dass da ein Pferd alleine im Wald unterwegs ist. Sie zucken mit den Schultern und machen sich auf den Heimweg.

Nur Marie rennt hinter Silberlocke her. Sie ist ganz sicher, dass sie ein Horn gesehen hat. Also muss das ein Einhorn sein, wie aus dem Märchen. Ja, genau, da vorne auf der Lichtung, da steht es.

„Hallo du", ruft Marie, „bitte lauf nicht weg. Hab keine Angst, ich tu dir nichts."

Silberlocke hebt den Kopf und schnaubt freundlich.

„Oh, wie schön du bist", flüstert Marie und streichelt Silberlocke über die weiche Nase.

„Danke, Menschenkind", sagt das kleine Einhorn und beschnuppert Marie von oben bis unten.

„Haha, wie das kitzelt", kichert Marie. Silberlocke kichert auch, und dann spielen die beiden den ganzen Nachmittag zusammen. Marie darf sogar auf Silberlocke reiten, und schnell wie der Wind sausen die beiden durch den Wald, bis die Sonne untergeht. Marie verabschiedet sich und läuft glücklich nach Hause. Vorher muss sie Silberlocke aber versprechen, niemandem von diesem Nachmittag zu erzählen. Das fällt ihr nicht schwer, denn es würde ihr sowieso keiner glauben, dass sie mit einem echten Einhorn unterwegs war.

Silberlocke ist nun ganz erschöpft und kuschelt sich gemütlich ins Gras. „Huua, bin ich müde."

Kaum hat das kleine Einhorn die Augen geschlossen, kommt der Sandmann. Leise tippelt er heran und streut goldenen Sand über Silberlocke.

Dann nimmt er eine silberne Locke in seine Hand. Und – huihui – fliegt er wie ein Sausewind mit dem Einhorn davon.

Nur ein Augenzwinkern später landen die beiden wieder im Traumland.

Staunend steht Silberlocke auf dem Wolkenberg und betrachtet den blauen Erdenball in der Ferne.

„Oh, war das schön dort!", schwärmt das kleine Einhorn. „Aber hab ich das nun geträumt, oder ist mein Wunschtraum wirklich wahr geworden?"

Tja, wer weiß das schon? Nur der Sandmann. Aber der verrät es nicht.

Und so wird die ganze Geschichte wohl für immer ein Geheimnis bleiben.

Nach der Geschichte: Möchte vielleicht eins der Kinder von seinem Wunschtraum erzählen?

Abenteuer auf der Milchstraße – Nachtwanderung

Eine Nachtwanderung oder ein Nachtspaziergang ist für Kinder immer eine spannende Sache. Allein die Tatsache, dass sie in der Dunkelheit unterwegs sind, ist schon aufregend. Wenn die Aktion auch noch in eine kleine Geschichte verpackt wird, wenn leuchtende Sterne den Weg weisen und zum Schluss ein himmlischer Sternentrunk samt Häppchen auf sie warten, ja dann sind sie ganz bestimmt im Traumland angekommen.

Das alles fördert Gemeinschaftsgefühl, Kooperationsfähigkeit, aber natürlich auch den Sehsinn.

Alter: ab 5 Jahren
Material: viele Leuchtsterne, 1 Leuchtmond und 1 Sonne, glitzernde Bänder, Goldband, große Thermoskanne mit himmlisch süßem Sternennektar, Becher, Mond- und Sternenhäppchen, Transportbehälter für die Häppchen, evtl. Windlichter

Spielvorbereitung: Die Spielleitung kundschaftet eine Wegstrecke aus, die sich für eine Nachwanderung eignet.

Ganz wichtig ist ein schöner Zielpunkt, wo am Ende alle zusammenkommen.

Die Spielleitung markiert den Weg in bestimmten Abständen mit Leuchtsternen (Milchstraße).

Außerdem verteilt sie unterwegs an Bäumen, Büschen oder sonstigen geeigneten Plätzen Glitzerschleifen (glitzernde Sternenkinder) und eine goldene Schleife (das goldene Sternenkind). Je nach Alter der Kinder mehr oder weniger auffällig!

Am Zielpunkt werden die zwei Leuchtplaneten (Sonne und Mond) an verschiedenen Orten versteckt. Wie leicht die Verstecke zu finden sind, ist nach dem Alter der Kinder zu entscheiden.

Die Spielleitung richtet den Zielpunkt dann mit Windlichtern, Bechern, Proviant etc. so her, dass die Kinder sich dort schön empfangen fühlen.

WEGZEHRUNG

Himmlisch süßer Sternennektar

Alter: ab 5 Jahren
Zutaten: 3 Zimtstangen, 1 l Wasser, 50 g ungesalzene Pistazienkerne, Rohrohrzucker
Material: Topf, Küchenmesser, Brettchen

Die Pistazienschalen entfernen und das braune Häutchen ablösen. Dann werden die Pistazien mit einem Messer fein gehackt. Die Zimtstangen brechen die Kinder in kleine Stücke.
Das Wasser in den Topf füllen und auf dem Herd zum Kochen bringen. Zimtstangen und Zucker dazugeben und etwa 5 Minuten köcheln lassen.
Den Tee durch ein Sieb in eine heiß ausgespülte Kanne gießen. Die Pistazien werden erst nach dem Einschenken des Tees in die Becher in die heiße Flüssigkeit gestreut.

Traumhaftes Einhorn-Smoothie

Alter: ab 4 Jahren
Zutaten: 1 sehr reife Banane in Stücken, ½ Tasse Milch oder Reis/Soja/Mandelmilch, 1,5 l Joghurt und evtl. Honig oder anderes Süßungsmittel
Material: Rührschüssel, Stabmixer, Trinkbecher

Die Zutaten in die Rührschüssel geben und gut durchmixen.

Mond-und Sternenhäppchen

Alter: ab 3 Jahren
Zutaten: Schwarzbrotscheiben; Käsescheiben, die etwa so dick sind wie die Brotscheiben; Messer; Brettchen
Material: kleine Ausstechformen Mond und Stern

Aus Schwarzbrotscheiben viereckige Happen schneiden und in der Mitte einen Stern oder Mond ausstechen. Aus dem Käse ebenfalls viereckige Happen schneiden und in der Mitte Sterne und Monde ausstechen. Die ausgeschnittenen Käsesterne und Monde passen genau in die Ausstechlöcher der Brothappen, und umgekehrt.

DIE SPIELGESCHICHTE

Die Spielleitung berichtet (oder liest ab)

Liebe Traumwanderer. Hier spricht der Mondmann.

Stellt euch nur vor: Sonne und Mond sind verloren gegangen.

Und nicht nur die: auch die Glitzersternenkinder sind alle verschwunden.

Ja, sogar das einzige goldene Sternenkind ist weg.

Nun weint der Himmel.

Und ich, ich habe keinen Mond mehr. Ein Mondmann ohne Mond! Wo soll ich denn hin? Der Mond ist doch mein Zuhause.

Und nun?

Der Sandmann ist auch ganz verzweifelt. Er holt doch jeden Tag den goldenen Zaubersand am glitzernden Mondenstrand. Wie soll er denn nur die Menschenkinder zum Schlafen bringen? Wie? Das geht gar nicht. Das merkt ihr doch selbst, denn ihr seid ja auch noch wach um diese Zeit.

Ach, was für ein Unglück! Wie konnte das nur geschehen?

Liebe Traumwanderer, bitte helft uns.

Die Einhörner können doch hellsehen. Und sie haben uns Folgendes berichtet:

Hier im Traumland weist eine Spur aus Leuchtsternen den Traumwanderern den Weg.

Über die Milchstraße führt er zur verlorenen Sonne und dem Mond.

Und auf diesem Weg sind auch die Glitzersternenkinder versteckt.

Zwischen ihnen ist irgendwo das goldene Sternenkind.

Und nun frage ich euch: Wollt ihr mir helfen und euch mit mir auf die Suche machen?

(Hier rufen die Kinder Ja)

Ich danke euch sehr, liebe Traumwanderer.

Wenn wir alle wieder gefunden haben, wartet auf euch eine schöne Belohnung.

Und nun kommt, lasst uns auf die Suche gehen!

Haltet Ausschau nach Leuchtsternen und allem, was glitzert ...

Tipp: Zum Abschluss können alle zusammen am Zielpunkt noch ein Lied singen, z.B. „Wer hat die schönsten Schäfchen".

Variante mit „Mondsteinen"

Wenn keine Leuchtsterne zur Verfügung stehen, können die Kinder auch in einer vorbereitenden Aktion jede Menge Kieselsteine sammeln und dann mit Leuchtstift einen Mond drauf malen. Diese auf dem Weg verteilten Mondsteine führen sicher auch ans Ziel.

Rückreise mit der Traumrakete

Ein würdiger Abschied vom Traumland: Die Kinder düsen mit der Rakete durchs Weltall und gelangen mit einem Planetenspiel zurück nach Hause. Das Spiel wäre übrigens auch andersrum denkbar, also als Hinreise.

Alter: ab 4 Jahren
Material: Tisch, große Decke, evtl. Lichterkette, dünne Pappe in verschiedenen Farben, Stifte, Scheren, gelber und blauer Fotokarton, doppelseitiges Klebeband, Traumleckerli: in Glitzerfolie eingewickelte Bonbons oder Fruchtgummi

Vorbereitung: Auf die dünne Pappe malt jedes mitreisende Kind zwei Sterne (ca. DIN A6) in seiner Wunschfarbe und schneidet sie aus.

Die Spielleitung bastelt mit den Kindern gemeinsam eine große Sonne mit einigen Strahlen aus gelbem Fotokarton und schneidet sie aus.

Dazu noch eine große Erdkugel aus blauem Karton, welche ebenfalls ausgeschnitten wird.

Die große Decke, die bis zum Boden reicht, wird über den Tisch gelegt. Das ist die Rakete. Innen wird sie, wenn möglich, mit einer Lichterkette beleuchtet.

Die Spielleitung bereitet dann allein die Spielstrecke vor. Wie, erklärt sich durch die folgende Spielbeschreibung.

Jedes Kind bekommt einen seiner Sterne.
Alle krabbeln in die „Rakete" hinein und am anderen Ende wieder heraus.
Zuerst landen sie auf der Sonne, die mit Doppelklebeband auf dem Boden befestigt ist.
Sie hopsen einmal um die Sonne herum, ohne auf einen Strahl zu treten.
Wer das schafft, darf zu den Sternen weiterreisen. Wer nicht, hopst noch einmal.
Dann krabbeln alle wieder in die Rakete hinein und am anderen Ende wieder heraus:
Am „Sternenhimmel" hat die Spielleitung vorher je einen Stern in der gleichen Farbe der mitgenommenen Sterne irgendwo versteckt.
Wer seinen zweiten Stern entdeckt hat, darf zur Erde weiterreisen.
Auf dem Fußboden liegt eine Erde aus blauem Fotokarton, an der mit doppelseitigem Klebeband Traumleckerli befestigt wurden.
Bravo. Die hungrigen Traumreisenden dürfen nun Leckerli von der Erde abpflücken.

ALLES ANDERS IM ANDERSRUMLAND

Andersrumland! Das klingt ja komisch. Wo ist denn dieses seltsame Land?

Vielleicht hier und da. An verborgenen Plätzen tief unter oder auch über der Erde. Wer weiß das schon so genau?

Wer seine Fantasie ankurbelt, wird den Eingang durch die fünf Tunnel schon finden.

Mit ein paar komischen Sprüchen und anderen lustigen Geschichten kommt ihr ganz sicher rein. Und einen Andersrumnamen müsst ihr euch geben. Schwupp, seid ihr drin im Andersrumland.

Was euch dort erwartet?

Bestimmt wohnen da jede Menge lustige Lümmelgnome, kleine Knuffelkobolde und seltsame Tollpatsch-Trolle.

Wenn ihr wollt, könnt ihr zuerst mal eine Rundreise machen. Die ist sehr lustig und spannend. Zum Schluss landet ihr in einer Goldmine, aber mehr verrate ich jetzt nicht. Ach, und dann müsst ihr ein wenig aufpassen. Denn es kraucht ein frecher Füßler im Andersrumland herum. Tippetapp, tippetapp.

Die Lümmelgnome werdet ihr auch kennenlernen. Ganz verrückt nach Schätzen sind diese Kerle. Sie wühlen in der Erde herum und suchen und suchen. Alles was glitzert, wollen sie haben, am liebsten Gold. Oder Zaubereier. Der Lümmelgnom „Willnochmehr" versucht alles, um dranzukommen. Aber so einfach ist das nicht. Schätze werden auch in Andersrumland sehr gerne gemopst. Oder versteckt.

Mit den Trollen könnt ihr euch auf den Weg machen, um leckere Silbernüsse zu finden. Ja, lustig geht es zu in diesem seltsamen Land.

Stellt euch vor: Die Leute dort laufen manchmal rückwärts. Das tun sie nicht immer, aber sie lieben es. Sie gehen auch oft morgens zu Bett und stehen abends erst auf. Sehr seltsam, aber so macht ihnen das Leben Spaß. Und euch vielleicht auch. Bei manchen Spielen könnt ihr ja auch mal rückwärts laufen und andere lustige Sachen ausprobieren.

Außerdem lieben alle Kinder und Erwachsenen in diesem verrückten Land quatschige Spiele, Musik und Tänzchen. Da dürft ihr auch mitmachen und sogar ihre leckeren

Speisen probieren. Also, falls sie euch was abgeben. Denn ehrlich gesagt sind diese Leutchen ziemlich verfressen.

Na, seid ihr neugierig? Wollt ihr dieses seltsame Andersrumland kennenlernen? Und spielen, spielen, spielen?

Na, dann viel Vergnügen. Und los geht's!

Die fünf Tunnel zum Andersrumland

Mit viel Spaß und Quatsch geht es hinein in das verrückte Andersrumland. Nach jeder Aufgabe krabbeln die Kinder durch einen der Tunnel „unter die Erde", und wenn sie durch alle durch sind, sind sie „angekommen". So nebenbei haben sie unbemerkt den „Sprachfördermodus" aktiviert.

Die Anzahl der Tunnel lässt sich variieren, je nach Alter der Kinder und eingeplanter Zeit kann man sie auch nur durch ein, zwei oder drei Tunnel lotsen, und sich dann im Andersrumland drinnen oder draußen vergnügen oder es bei diesem Spiel belassen.

Alter: ab 4 Jahren

Material: 5 Spieltunnel (oder andere improvisierte Tunnel, z. B. aus Stühlen und Decken), Papierbogen, Goldstift, Feuerzeug

Vorbereitung: Die Spieltunnel hintereinander so im Raum verteilen, dass jeweils genug Platz für die Kindergruppe ist, um sich nach dem Durchkrabbeln hinzuhocken. Die Aufgaben nacheinander in Druckbuchstaben auf das Papier schreiben und den Papierbogen dann mit dem Feuerzeug an den Rändern ein wenig ankokeln und zerknittern, damit er etwas „anders" aussieht.

Die Kinder hocken sich hin, und die Spielleitung liest vor, was sie jeweils zu tun haben, bevor der jeweilige Tunneleingang freigegeben wird.

1. Den Andersrum-Fantasiespruch nachsprechen:

Ellerie sellerei sibberie sa
Sibberie sabberie knull

Und dann erzählen, was das wohl heißen könnte.

2. Im Kreis eine ganze Runde rückwärtsgehen.
Klingt einfach. Ist aber nicht so einfach, wie es klingt.

3. Mit dem Zeigefinger auf den Kopf tippen, den folgenden Spruch zwei Mal skandieren, dazu einmal links, einmal rechts im Kreis drehen.

Andersrum, dideldum
Andersrum dideldum.
1,2,3,
bin dabei
ei, ei, ei,
bin dabei.

4. Den Zungenbrecher ohne Fehler nachsprechen:

Drei drollige Trolle tragen trommelnd Tragetaschen,
trommelnd tragen drei drollige Trolle Tragetaschen.

5. Gebt euch einen Andersrum-Namen!
Wie das geht? Einfach die Namen rückwärts buchstabieren.
Aus Susi wird Isus, aus Fatima wird Amitaf, aus Paul wird Luap, aus Simon Nomis ... Wer das nicht kann oder Anna bzw. Otto heißt, erfindet eben einen schönen Quatschnamen.

Reise durch das Andersrumland zu Fuß und mit der Bahn

Unsere fantastische Reise ist eine lustige und bewegte Spiel- und Mitmachgeschichte, die unter der kundigen Reiseleitung von Knuffelkobold „Reismalmit" kreuz und quer durch das faszinierende Andersrumland führt.

Alter: ab 4 Jahren

Die reiselustigen Kinder stellen sich in einem Spielkreis auf.
Die Spielleitung übernimmt die Rolle von „Reismalmit" und leitet die Reise mit Hilfe der Vorlesegeschichte an. „Reismalmit" macht auch bei allem mit bzw. macht die Bewegungen vor.

Spielleitung: Liebe Kinder. Ich heiße Reismalmit und begrüße euch herzlich zur Rundreise durch unser tolles Andersrumland. Es freut mich sehr, dass ihr nun mit dabei seid.
Wir machen zuerst einen Spaziergang zur Haltestelle.
Dann steigen wir in die Bahn und fahren weiter.
An der Haltestelle „Goldmine" steigen wir wieder aus, um die berühmteste Goldmine des Landes in einer Höhle unter der Erde zu besuchen.

Und nun begrüßen sich erst mal alle Mitreisenden gegenseitig:
- Legt die Hände vor der Brust zusammen.
- Verbeugt euch dreimal – 1 – 2 – 3 –

Sehr schön. Dann kann die Reise ja losgehen.

- Stellt euch nun hintereinander auf.
- Wir wandern im gemächlichen Tempo los und gehen ganz normal.

Beachtet die schöne Gegend. Hier wachsen riesige Mammutbäume.
- Guckt jetzt mal nach oben, wie hoch diese Bäume sind. Sie reichen fast bis zum Himmel.

Hier in der Gegend wohnen übrigens Riesen. Haltet lieber Ausschau nach ihnen. Sie tun zwar nichts, aber sie sind so groß, dass sie euch Winzlinge gar nicht sehen.

🍃 Bildet mit beiden Händen ein Fernglas, so wie ich.

Hilfe! Ein Riese! Da vorne steht ja einer!

🍃 Jetzt aber nichts wie weg. Los, eine Runde im Galopp und schnell davon.

Oh, da ist ja noch einer. Aber der schläft. Und wenn ein Riese schläft, weckt ihn so schnell nichts auf. Wir steigen einfach drüber.
🍃 Also: Über Riesen steigen ist so ähnlich wie über Berge kraxeln. Schön die Knie hochheben und vorsichtig weitergehen. Ganz schön anstrengend.

Uff, geschafft. Er hat nichts gehört. Aber sicher ist sicher.
🍃 Wir gehen ganz vorsichtig auf Zehenspitzen weiter.

Ah, da vorne ist ja endlich die Haltestelle. Und da steht auch schon das Bähnchen, mit dem es jetzt weitergeht.
🍃 Alle mal stehen bleiben.
🍃 So, jetzt einsteigen. Füße heben und hochklettern, ja, so.
🍃 Nun könnt ihr euch hinsetzen.
🍃 Legt die Hände auf die Schultern des Vordermannes. Und los geht's. Huch, das ruckelt aber gewaltig.
🍃 Da schüttelt man sich ja richtig!

Und jetzt kommt eine Kurve.
🍃 Achtung. Alle beugen sich auf diese Seite. Dunnerblitz und Troll! Noch eine Kurve.

🍃 Alle auf die andere Seite beugen.

Oh, schaut mal da aus dem Fenster. Da sind Rübengnome auf einem Feld. Seht nur, wie sie an den Rüben ziehen und ziehen.

🍃 Kommt, wir winken ihnen. „Huhu, hallo Rübengnome."

Die Bahn fährt schon langsamer. Ich glaube, wir sind angekommen. Ah ja, jetzt bleibt sie stehen. „Haltestelle Goldmine" steht da auf dem Schild.

- Na, dann steht mal wieder auf.
- Wir steigen jetzt aus.

Sind alle da? Gut, da vorne ist der Eingang zur Goldmine. Da steht auch schon der Türwächter, Herr Grummelgnom.

- Da gehen wir gemütlich hin.

Guten Tag, Herr Grummelgnom. Wir sind angemeldet und möchten die Goldmine besichtigen.

- Kinder, verbeugt euch bitte dreimal und sagt schön: „Guten Tag Herr Grummelgnom."
- Jetzt geht in den Vierfüßler. Wir krabbeln in den Gang zur Mine, denn da ist die Decke nicht sehr hoch.

Huh, ist das düster hier. Da wird es einem ja richtig unheimlich. Huh, was ist das denn? Huuu! Igitt ein Regenwurm. Nein, also das gefällt mir ja gar nicht.
- Immer weiter krabbeln ...

Da vorne seh ich Licht. Ooooh. Die Höhle. Endlich bekommen wir den großen goldenen Ball zu sehen. Oh, wie gut er sich anfühlt. Ich heb ihn mal hoch.
- Steht nun auf und sagt alle: „Ooooohhh."
- Jetzt übergebe ich den goldenen Ball und ihr reicht ihn immer weiter an den nächsten. Jeder darf ihn mal halten. Na, ganz schön schwer, oder? Wenn jeder ihn mal hatte, bekomme ich ihn wieder.

Ihr müsst wissen, das ist nicht nur ein großer Schatz, sondern sogar ein Zauberball. Der zaubert uns nun ganz schnell wieder nach Hause, wo die Reise angefangen hat.

- Ich drehe den Ball und
- ihr zwinkert alle mit den Augen und dreht euch einmal im Kreis.
- Nun am einen Ohr zupfen,
- am anderen Ohr zupfen
- Simsalabim, Simsalasause, einmal gehopst, schon sind wir zu Hause.

Vielen Dank, liebe Kinder, dass ihr mit mir mitgereist seid.
Auf Wiedersehn, es war sehr schön.

Der freche Tippeltapp auf Tour

Im Anschluss an die Reise könnten die Kinder noch das folgende Spiel spielen, bei dem taktile Wahrnehmung und Vorstellungsvermögen gefördert werden.

Alter: ab 4 Jahren
Material: Gelände mit verschiedenen Böden oder ein (eventuell auch in einem geeigneten Innenraum) vorbereiteter Barfuß-Parcours, Augenbinden für alle Mitspieler, Haarreif mit Fühlern für den Vordermann, der den „Kopf" bildet.
Vorbereitung Barfußstraße: Einen Fühlweg aus verschiedenen Materialien legen, z. B. Rindenmulch, weiche Erde, Laub, Moos, Kies, Sand, Holzbrett, Pfütze, runde Steinchen, Blumenwiese, Gras etc.

Spielleitung: Liebe Koboldkinder, liebe Trolle und Gnome, aufgepasst! Hier im Andersrumland treibt sich ein ganz frecher Kerl herum. Tippeltapp sieht aus wie ein riesiger Tausendfüßler. Er verbringt seine Zeit damit, den Boden unter sich mit seinen vielen Füßen zu erkunden.

Weil er aber so alleine ist und sich dann total langweilt, schnappt er sich gerne kleine Kobolde und Trollkinder und Gnome wie euch.

Achtung! Wenn er euch erwischt hat, verbindet er euch die Augen.

Und dann geht er mit euch spazieren. Um wieder freizukommen, müsst ihr raten, auf was ihr da herumlauft. Ist es vielleicht Gras? Oder Sand? Oder was?

Die Kinder stellen sich hintereinander auf und fassen sich an den Schultern. Die Augen werden verbunden. Ein Kind spielt den Kopf, stellt sich anders herum auf und fasst das letzte Kind in der Reihe an den Händen. Der „Kopf" läuft dann also vorwärts, der „Rest" aber rückwärts.

Der „Kopf" führt nun die Gefangenen des frechen Tippeltapps durch den Parcours:
Wer errät, auf welchem Untergrund er sich gerade befindet, darf sich aus der Umklammerung des Füßlers befreien.

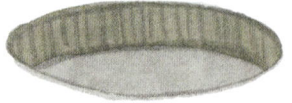 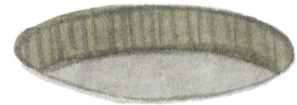

Rüben ziehen

Das Spiel passt ebenfalls gut zur Reiseaktion. Der fleißige Rübenknuffelkobold hat ganz schön viel Mühe beim Rübenziehen. Diese widerspenstigen Rüben klammern sich nämlich fest. Sie treten aber niemals, denn der Rübenkobold packt nicht so fest zu, dass es ihnen weh tut.

Da die ganz kleinen Kobolde sich da manchmal noch nicht so ganz im Griff haben, ist das ein Spiel für „reifere" Rüben.

Alter: ab 5 Jahren

Die „Rüben" legen sich in einen Kreis, den Kopf nach innen. Sie verschränken ihre Arme und halten sich gegenseitig fest. Ein Spieler spielt den Rübenknuffelkobold. Der bemüht sich, seine „Rüben" an den Füßen auseinanderzuziehen. Die versuchen aber wiederum, sich am Rest der Gruppe festzuhalten. Wer das nicht schafft, wird selber auch zum Rübenknuffelkobold und hilft mit beim Rübenziehen.

Armer kleiner Minitroll

Auch dieses Spiel passt zur „Reise" dazu.

Verfressene Tollpatschtrollkinder, die ihre Rübe verloren haben, sind sehr geknickt und machen dann seltsame und ziemlich traurige Geräusche.

Bei diesem Spiel lassen die Kinder sich die tollsten Sachen einfallen und amüsieren sich so gut, dass sie eine ziemlich lange Zeit damit verbringen können.

Alter: ab 4 Jahren

Die Kinder setzen sich im Kreis auf den Boden. Eines spielt den Minitroll, der seine Rübe verloren hat. Traurig brummend und schniefend wandert der kleine Tollpatsch im Kreis herum und spielt ein herzerweichend trauriges Theater.

Bleibt der Troll vor einem Kind stehen, brummt und jault er jämmerlich. Er reibt sich das leere Bäuchlein und guckt es so traurig wie möglich an. Das ausgewählte Kind muss nun dem armen Troll ganz tief in die Augen gucken, ihn dreimal streicheln und dabei „Armer kleiner Minitroll" sagen.

Wer lachen muss, geht in die Mitte und wird selber zum hungrigen Minitroll.

Im Andersrumland geht's rund – um die Schätze

Für Lümmelgnome sind Schätze ganz enorm wichtig, wie schon mehrmals erwähnt wurde. Sie sind geradezu besessen davon. Nicht nur die Erwachsenen, sondern auch die Kinder. Wenn es nicht um Essen geht – denn verfressen sind sie auch –, dann hüten, verteidigen oder suchen sie irgendwelche Kostbarkeiten.

Mit den folgenden drei Spielen dürfen alle kleinen Gnome diese Leidenschaft so richtig ausleben. Das erste ist ein Würfelspiel, bei dem das Glück entscheidet. Das zweite Spiel eignet sich sowohl für drinnen als auch für draußen und fördert Aufmerksamkeit und Wachsamkeit. Und beim dritten handelt es sich um eine fantastische Rallye, die für draußen gedacht ist.

Versperrte Zaubereier

Tief verborgen im Erdreich liegt ein riesengroßer Schatz. Das weiß Lümmelgnom Willnochmehr ganz genau. Es handelt sich um sehr kostbare marmorierte Zaubereier. „Die will ich haben", murmelt er gierig und fängt an zu buddeln. Aber riesige Baumstämme versperren ihm leider den Zugang zur Schatzhöhle. Willnochmehr hat keine Ahnung, wie er an die leckere Kostbarkeit herankommen soll. Nun kann der Gnom nur auf ein Wunder hoffen … aber das tun andere auch. Die hätten nämlich ebenfalls gerne was davon.

Alter: ab 4 Jahren
Material: 1 Schüssel mit marmorierten Zaubereiern, 1 Schachtel Streichhölzer, 1 Würfel

Vorbereitung: Marmorierte Zaubereier herstellen
Dieses Rezept ist eine bunte Abwandlung der „Tee-Eier," einem beliebten Straßen-Snack in manchen Teilen Chinas. Man kann also statt der Farben auch Tee verwenden, dann sind sie bräunlich marmoriert.

Material: Eier, Ostereierfarben, Schüsselchen, Topf, Wasser, Suppenlöffel, Küchenpapier

Die Eier hart kochen.

Inzwischen in Schüsselchen die Farblösungen nach Anleitung vorbereiten.

Die hart gekochten Eier auf einer harten Unterlage kurz anknacksen und dann herumrollen. Die Schalle soll gebrochen sein, sich aber nicht ablösen.

Die Eier dann in einer der Farblösungen einfärben. Die Farbe dringt in das Ei und verpasst dem Eiweiß eine ganz wundervolle Marmorierung.

Die Gnome setzen sich im Kreis herum. Jeder hat sechs „Bäume" (Streichhölzer) vor sich liegen, die ihm den Weg zum Schatz versperren.

In der Mitte des Kreises ist die Höhle (Schüssel) mit den Schätzen.

Nun wird reihum gewürfelt.

Wer eine 6 würfelt, darf einen seiner Bäume weglegen und nochmals würfeln.

Wer zuerst alle Bäume weggeräumt hat, darf endlich ran an den Schatz und sich ein Zauberei aus der Schüssel herausnehmen.

Der verborgene Goldschatz

Stellt euch vor: Der goldgierige und unendlich geizige Lümmelgnom Willnochmehr hat einen Klumpen Gold gefunden. Vor lauter Angst, dass er ihm gestohlen werden könnte, kann er sich gar nicht so recht über sein Glück freuen. Wie soll er den Schatz nur ins Versteck schaffen, ohne dass neidische Kollegen ihn dabei erwischen? Schließlich hat er eine Idee. Er bittet seinen einzigen Freund Willnix, den Goldklumpen ins sichere Versteck zu bringen.

Alter: ab 5 Jahren
Material: ein „Goldklumpen" (z.B. Kugel aus Goldpapier)

Alle Mitspieler suchen gemeinsam ein geeignetes Versteck für den Schatz und kennen daher den Platz, an dem er in Sicherheit gebracht werden soll.

Dann verteilen sich die Kinder auf der Spielfläche und bleiben stehen. Sie sind alle kleine Lümmelgnome, die auch gerne einen Schatz hätten.

Ein Spieler übernimmt die Rolle von Willnochmehr und bekommt das „Gold" in die Hand. Nun geht der listige Gnom von Kind zu Kind und tut jeweils so, als übergäbe er den Schatz.

In Wirklichkeit gibt er ihn nur einem. Dieser eine ist dann sein bester Freund Willnix.

Kein kleiner Gnom weiß, wer den Goldklumpen hat. Und Willnix ist natürlich sehr darum bemüht, die anderen zu täuschen. Er schleicht sich möglichst unbemerkt an das Versteck heran.

Dabei darf Willnix aber den Schatz niemals in der Tasche verschwinden lassen, sondern muss ihn in der Hand behalten.

Gelingt es Willnix, den Schatz ins Versteck zu schaffen, darf er ihn dann in der nächsten Runde „zuteilen." Wenn nicht, wird der kleine Gnom, der ihn erwischt hat, zum nächsten „Willnochmehr."

AUF DER SPUR DER SILBERNÜSSE

Dieses Spiel bietet Anregungen für eine Rallye mit Grillplatz als Zielpunkt, oder es wird in einem großen Garten gespielt, wo auch gegrillt werden kann.

Alter: ab 4 Jahren

Material: „Schrumpelige Wächter", kleine Kartoffeln, Alufolie, Getränke (zum Beispiel Koboldsmoothie, Anleitung siehe Seite 97), Geschirr, Mülltüte, Wischtücher, evtl. Trollverkleidung (siehe Seite 106 f.)

Vorbereitung: Einen Spazierweg zu einem Grillplatz auskundschaften. Schrumpelige Wächter basteln.

Das Grillmaterial sowie Teller usw. zum Grillplatz bringen und die vorher hergestellten schrumpeligen Wächter als Wegweiser platzieren

Schrumpelige Wächter

Material: mittelgroßer Apfel, ungeschälte Kürbiskerne, Gewürznelken, Rosinen, Holzstäbchen, Gemüsemesser, Sparschäler, Teelöffel

Apfel schälen. Mit dem Gemüsemesser vorsichtig ein Gesicht hineinschnitzen: Augen, Mund, Nase.

Reiskörner als Zähne in den Mund stecken oder Kürbiskerne. Rosinen als Augen stecken. Apfelkopf auf den Spieß stecken und bei Zimmertemperatur warm und trocken hinstellen.

Abwarten und beobachten, wie der „schrumpelige Wächter" entsteht .

Die Spielleitung führt die Kinder in das Spiel ein.
Die Kinder spielen Trolle.

Spielleitung: Hallo ihr kleinen Trolle. Na, habt ihr auch schon Hunger, ja?

Wollt ihr wissen, wo die leckeren Silbernüsse sind? Haha, ich weiß doch, dass ihr die so gerne habt.

Die Gnome und Kobolde wollen aber die Nüsschen ganz alleine futtern. Unverschämtheit. Sie haben sie einfach weggetragen. Und jetzt haben die kleinen Gierschlünde eine Heidenangst, dass ihnen jemand auf die Schliche kommt und auch was abhaben will.

Wisst ihr was? Da liegen sie gar nicht so falsch.

Ha! Wir werden die Nüsse schon finden. Und auch futtern, haha. Tja, das ahnen diese Wichte natürlich. Daher stellen sie ganz besondere Wachen auf, die jeden Räuber abschrecken sollen. Na ja, mal sehen, ob das klappt.

Und überhaupt: so doof wie sie sind, haben die Gnome und Kobolde gar nicht kapiert, dass ihre schrumpeligen Wächter nicht nur mies aussehen, sondern uns gleichzeitig auch den Weg zu den begehrten Silbernüssen verraten. Haha!

Also los – auf geht die Suche.

Am Ende warten:

Silbernüsse mit Kräuterbutter

Leckere Schätzchen für verfressene Bewohner. Ideal für Lagerfeuer und Grill.

Material: Alufolie, Gabel, tiefer Teller, Messer
Zutaten: kleine Kartoffeln, Kräuter, 1 Paket zimmerwarme Butter, 1 Knoblauchzehe, 1 Bund Schnittlauch, Salz, Pfeffer

Die Kartoffeln gut waschen und zusammen mit ein paar Kräutlein einzeln in Folie verpacken. Diese Nuggets in die Glut legen, nicht ins offene Feuer. Sie sind fertig, wenn sie mit der Gabel leicht durchzustechen sind. Je nach Größe dauert das 15–30 Minuten. Oder man kocht sie etwas vor, dann geht es schneller.

Für die Kräuterbutter die weiche Butter in einen tiefen Teller füllen.
Die Knoblauchzehe fein zerhacken, mit Salz bestreuen und mit einer Gabel zermatschen.
Kräuter fein hacken und mit der Knoblauchmasse gut unter die Butter rühren.

Andersrum Mampf & Spiel

Die große Leidenschaft fürs Essen teilen ausnahmslos alle Bewohner des Andersrumlandes. Sie legen Vorräte an und bereiten sehr leckere Speisen zu. Sie tun aber auch etwas, das Menschenkindern meistens verboten wird: mit Essen spielen. Da die Bewohner von Andersrumland aber deswegen das Essen nie verderben lassen oder verschwenden würden, ist das gar nicht so schlimm.

Die Kartoffelpyramide

Da Kartoffeln unter der Erde wachsen, ist es für die Bewohner des Andersrumlandes, die auch viel da unten sind, ziemlich einfach, die leckeren Knollen zu ernten. Der Vorrat wird in eine Höhle geschafft und von fleißigen kleinen Knuffelkobolden zu einer Pyramide aufgeschichtet. Das ist gar nicht so einfach.

Alter: ab 3 Jahren
Material: 1 Beutel Kartoffeln je Kind (ca. 2–3 kg)

Wer baut die höchste Pyramide, ohne dass sie zusammenstürzt?
Wer baut am schnellsten eine Kartoffelpyramide?

Variante: Zwiebelpyramide: Da brauchen die Kinder Geschick und Geduld, da die Schalen so glatt sind.

Zwei gehören zusammen

Die Knuffelkobolde schleppen nicht nur Kartoffeln in ihre Vorratskammer, sondern tragen in einem großen Korb auch alles mögliche andere Obst und Gemüse dorthin. Weil es da aber stockfinster ist, müssen sie tasten, um die verschiedenen Sorten zu sortieren. Ihr Tastsinn ist also supergut ausgebildet.

Material: Korb, Augenbinde, viele verschiedene Obst-und Gemüsepaare (aber keine zu weichen, sonst gibt es Matschepampe)

Obst und Gemüse bunt durcheinander in den Korb legen. Die Kinderkobolde ertasten dann die Paare (hoffentlich) mit verbundenen Augen. Die ganz Kleinen können auch ohne Binde suchen.

Gnomiger Koboldsmoothie
Leckergesund und koboldig fein

Zutaten: 1 Tasse gefrorene Ananasstücke, ½ Tasse Kokosmilch, 1,5 l Joghurt mit exotischer Geschmacksrichtung, Glitzerzucker und evtl. Honig oder anderes Süßungsmittel
Material: Stabmixer, Rührschüssel, Becher

Die Zutaten gut durchmixen und in die Becher füllen.

Der nachwachsende Name des Trolls

Tollpatschtrolle haben ein ganz schlechtes Gedächtnis. Sie können sich nicht mal ihren Namen merken. Aber es gibt ja immer eine Lösung. Dann wird der Name eben gepflanzt ...
Das ist allerdings sinnlos, wenn sie ihn immer gleich auffressen. Das haben ihnen die Kobolde und Gnome schon tausendmal gesagt. Es nützt aber nichts, denn das vergessen sie ja auch gleich wieder. Na ja, so sind sie eben, die Trolle.

Alter: Lesealter
Material: flache Schale, Erde, Kressesamen

Erde in die Schale füllen. Mit dem Finger einen Namen in die Erde malen oder ein Bild. In diese Rille Samen schütten. Leicht anklopfen und das Beet feucht halten.
Nach einigen Tagen wachsen schon knackige Keimlinge und der Name taucht auf. Endlich weiß der Troll wieder, wie er heißt. Aber da er so verfressen ist, schnabuliert er die leckere Kresse gleich weg ...

Andersrum-Koboldgnomtrollige Kinderspiele

Bei den folgenden drei Vorschlägen handelt es sich um Lieblingsspiele der Kinder im Andersrumland. Sie spielen sie gerne zwischendurch, damit bloß keine Langeweile aufkommt. Das Tolle an diesen Spielen ist, dass sie spontan und schnell durchzuführen sind, da sie keine große Vorbereitung oder aufwendiges Material erfordern.

Eigentlich erinnern die Spiele ein wenig an die der Menschenkinder. Aber es gibt doch einen relevanten Unterschied, denn es wird „andersrum" gespielt.

Andersrum-Siebensprung

Wenn an einem schönen Plätzchen auffällig viele Stöckchen aus der Erde ragen, dann bedeutet das, dass dort ein ganz besonderer Spielplatz ist. Die Kinder der Knuffelkobolde, der Lümmelgnome und Tollpatschtrolle, ja sogar die Riesenkinder im Andersrumland lieben nämlich ein Spiel mit Namen „Siebensprung" – wobei die Riesen von den anderen tunlichst davon abgehalten werden, mitzuspielen, da bei ihren gewaltigen Sprüngen die Erde immer so furchtbar wackelt.

Ansonsten geht es darum, mit sieben Sprüngen sowohl Selbsteinschätzung als auch Sprungkraft zu beweisen.

Alter: ab 5 Jahren
Material: 1 Kieselstein oder eine Kastanie je Mitspieler (plus einige in Reserve), kleine Stöckchen

Der erste Spieler wirft seinen Stein so weit nach vorne, wie er glaubt, ihn mit einem Sprung erreichen zu können. Wird der Stein beim anschließenden Sprungversuch nicht erreicht, ist das Spiel für diese Runde verloren.

Wer es sieben Mal hintereinander schafft, seine eigene Wurfvorgabe zu erreichen, steckt ein Stöckchen in den Boden und versucht beim nächsten Durchgang von Neuem sein Glück.

Da wir uns hier aber im Andersrumland befinden, wird jetzt natürlich auch andersrum gesprungen. Also: den Stein hinter sich werfen und dann rückwärts springen.

Andersrum-Zielen

Im Andersrumland wird auch sehr gerne Zielwerfen gespielt, aber eben rückwärts.

Alter: ab 4 Jahren
Material: Blätter (oder Papierblätter), Steinchen, Tannenzapfen

Aus Blättern wird ein schöner Kreis gelegt. Und damit die Blätter nicht wegfliegen, beschweren die Koboldkinder sie mit kleinen Steinchen.
Dann stellen sie sich ein paar Schritte vom Kreis entfernt auf. Jeder nimmt einen Zapfen und versucht, ihn über die Schulter nach hinten in den Kreis hineinzuschleudern. Wenn alle das geschafft haben, wird der Abstand etwas vergrößert, zum Beispiel um eine Schrittlänge.

Variante als Wettbewerbsspiel: Es scheiden immer die aus, die den Kreis nicht beim ersten, zweiten oder dritten Mal (je nach Alter der Kinder sollten die Regeln nicht zu streng sein) treffen.

Das Andersrum-Straßenkreidespiel

Die Bewohner des Andersrumlandes machen sich manchmal heimlich auf in die Welt der Menschenkinder und spielen auf einem Schulhof oder einem Gehweg ein traditionelles Andersrum Hopsspiel. In ihrer Heimat können sie das nicht spielen, da es dort keine geeigneten Böden gibt, auf die sie mit Kreide malen könnten.
Wenn sie mit dem Spiel fertig sind, verschwinden sie schnell wieder. Die Menschen merken davon nichts, denn sie sehen am nächsten Tag nur eine mit Kreide gemalte Hopsstrecke, die wie „Himmel und Hölle" aussieht.

Alter: ab 5 Jahren
Material: Straßenkreide, Kieselsteine

Auf einem asphaltierten Platz eine Hopsstrecke aufmalen und jedem Feld eine Aufgabe zuordnen, z.B:

- 10 mal ganz schnell im Kreis drehen
- ein wildes Trolltänzchen aufführen
- eine freche Koboldgrimasse ziehen
- tapsen wie ein Tollpatschtroll
- eine dreiste Lüge erfinden
- schimpfen wie ein wütender Lümmelgnom

Die Kinder spielen nacheinander.
Die Großen spielen andersrum. Sie werfen den Stein hinter sich und hopsen auch rückwärts.

Fantastische Abenteuer im Mini-Andersrumland

Die Kinder erschaffen eine eigene Mini-Andersrumwelt nach ihren eigenen Vorstellungen. Für die Bewohner und auch für die Häuschen gibt es hier schöne einfache Bastelanleitungen. Wie diese Miniwelt dann weiter ausgestaltet wird, bleibt der Fantasie der Kinder überlassen. Natürlich ist das Vorhaben auch von den Materialien abhängig, die zur Verfügung stehen. Für so ein Miniland muss aber nichts angeschafft werden, sondern es wird alles verwendet, was sich an brauchbaren Sachen finden lässt: Papiere aller Art, Stöcke, Steine, Bauklötze, Legosteine, Farben, Stoffreste, Naturmaterialien usw. Denkbar ist auch eine große Papierfläche, die als Unterlage mit Doppelklebeband auf den Boden geklebt wird. Da lässt sich alles Mögliche drauf malen, Seen und Wege. Man kann Häuser hinstellen und gebastelte Bäume, oder Höhlen bauen oder ...
Damit sind die Kinder eine ganze Weile hoch motiviert, sehr kreativ und außerdem gut beschäftigt, was vor allem bei schlechtem Wetter toll ist, wenn sie mal nicht draußen spielen können.
Und wenn die „Welt" fertig ist, denken sie sich eine schöne Spielgeschichte aus.

Der Klorollen-Lümmelgnom

Super zum Spielen!

Alter: ab 4 Jahren
Material: leere Toilettenpapierrolle, Tonpapier grün, gelb rot (oder drei andere Farben), Filzstift schwarz, Schere, Klebstoff

Zwei Drittel der Toilettenpapierrolle mit grünem Tonpapier umkleben.
Auf das freie Drittel malen die Kinder ein Gesicht.
Dann schneiden sie einen etwa 3 cm breiten roten Streifen aus rotem Tonpapier. Bei diesem Streifen werden auf einer Seite Zacken rausgeschnitten.
Anschließend den Streifen mit den Zacken nach unten als Kragen unter dem Gesicht festkleben.
Aus einem schwarzen Tonpapier einen schmalen Gürtel ausschneiden und ebenfalls aufkleben, und dazu noch aus gelbem Tonpapier eine Schnalle.
Dazu erst ein Quadrat ausschneiden und aus diesem innen ein weiteres Quadrat herausschneiden.

Für den Hut einen Kreis auf grünes Tonpapier malen und ausschneiden. Einen Schnitt vom Rand bis zur Mitte machen. Hut zusammenschieben, anprobieren und dann zukleben. Aufsetzen, fertig.

Gnomenhäuschen

Eine schöne Bastelei und ein lustiges Heim für Andersrumbewohner.

Alter: ab 4 Jahren
Material: leere Küchenrolle, Tonpapier in verschiedenen Farben (auch Reste), dicke Papierkugeln (können auch selbst gemacht sein), Stifte, Schere, Klebstoff

Die Rolle in mehrere Teile zerschneiden. Die Anzahl hängt davon ab, wie hoch die Häuschen werden sollen. Dann eine Tür und Fenster aufmalen und ausschneiden. Runde Türen sehen übrigens sehr gnomig aus. Tür und Fenster ausschneiden.
Das Dach wird aus Tonpapier genauso gebastelt wie der Hut beim Klorollengnom (Anleitung links). Obendrauf setzen die Kinder eine schöne dicke Papierkugel.

Tipp: Steine lassen sich auch gut in Häuschen verwandeln, indem die Kinder sie bemalen bzw. das Häuschen drauf malen.

Stöckchen Gnome

Die sind der absolute Hit. Sie sehen echt anders aus. Lesekinder können sie selber schnitzen. Die Kleineren müssen sich damit begnügen, Gesichter zu malen. Aber das macht ja auch Spaß.

Alter: Lesealter
Material: Stöcke, Schnitzmesser, Permanent-Filzstifte

Von den Stöcken im oberen Drittel ein Stück Rinde in Form eines Gesichtes entfernen. Augen und Mund mit Filzstift aufmalen, fertig.

Püschel-Kobold

Kobolde aus Pompons sind wahrlich puschelige Gesellen. Und Pompons basteln ist gar nicht so schwer. Die runden Dinger lassen sich auch sonst zu allerlei Spielen gebrauchen.

Alter: ab 5 Jahren
Material: Wellpappstücke DIN-A5, Baumwollgarn in kräftigen Farben, Wackelaugen, kleine Pompons, Pfeifenputzer

Pompons basteln

Material: Pappkarton, Schere, Stift, Wolle in verschiedenen Farben

Zwei gleich große Ringe auf Pappkarton aufzeichnen. Die Ringe ausschneiden und einmal einschneiden.
Ringe aufeinanderlegen und beide zusammen dick mit Wolle umwickeln. Den Wollfaden dabei immer wieder durch das Mittelloch führen.
Ist das Loch fast geschlossen, mit der Schere am äußeren Rand zwischen den Ringen die Wollschlaufen aufschneiden.
Anschließend einen Wollfaden zwischen die Ringe legen, fest zusammenziehen und mit Hilfe der Spielleitung verknoten.
Pappringe am Schlitz öffnen und vorsichtig entfernen.
Fasern durchschütteln und zupfen, auflockern.
Der Pompon lässt sich auch noch ein wenig in Form schneiden, falls was übersteht.

Kobolde

Jedes Kind bekommt einen Pappkarton und sucht sich ein Wollknäuel aus.
Dann den Karton in der Längsrichtung dick mit Wollfaden umwickeln.
Wollfaden in eine Stopfnadel fädeln. Entlang einer Seite die gewickelten Wollfäden damit aufnehmen und fest zusammenbinden.
Auf der Gegenseite die Schlingen aufschneiden und das Pappstück entfernen, Wollfäden mit Hilfe der Spielleitung ein zweites Mal unterhalb der ersten Bindung entsprechend der Kopfgröße des Koboldes abbinden.
Und nun bekommen die wilden Kerle mit der Schere eine schicke Frisur verpasst.
Außerdem Wackelaugen, Pompon-Nase und Pfeifenputzermund aufkleben.

Andersrum – Musik und Tanz

Zum Abschluss dieses Kapitels geht es um Fingerspiele für die Kleinen und ganz Kleinen, und auch um Musik und Tanz.

Fast alle Vorschläge sind gut für eine Vorführung oder auch für ein schönes Fest zu gebrauchen. Daher finden sich hier einige Verkleidungstipps für Kostüme.

Diese passen auch zu vielen der vorherigen Aktionen, bei denen eine Verkleidung gewünscht wird.

Kleines Zappeltroll-Theater für Minis

Zur Begleitung der Fingerspiele eigen sich ganz einfache Fingertrolle. Dazu bindet man ein buntes Schleifchen um jeden Finger und malt mit Filzstift ein Gesicht auf die Fingerkuppen.

Der kleine Troll –

Ein Fingerspielchen für das Zappeltroll-Theater

Der ist ins Wasser gefallen	*Daumen tanzen lassen*
Der hat ihn herausgeholt	*Zeigefinger tanzen lassen*
Der hat ihn ins Bett gelegt	*Mittelfinger tanzen lassen*
Der hat ihn zugedeckt	*Ringfinger tanzen lassen*
Und der kleine Troll da	*Kleinen Finger tanzen lassen*
Hat ihn wieder aufgeweckt	

Zehn kleine Zappeltrolle (oder Gnome)

(trad., Bearbeitung Text: S. Steffe)

Ein umgedichtetes Fingerspielchen für Winzgnome und Krümelkobolde

Alter: ab 3 Jahren (den ganz Kleinen kann man es einfach vorspielen

Zehn kleine Zappeltrolle zappeln hin und her,	*Alle Finger zappeln*
zehn kleine Zappeltrolle finden das nicht schwer.	*Hände von links nach rechts und zurück bewegen*
Zehn kleine Zappeltrolle zappeln auf und nieder,	*Alle Finger zappeln*
zehn kleine Zappeltrolle tun das immer wieder.	*Die Hände auf und ab bewegen*
Zehn kleine Zappeltrolle zappeln rundherum,	*Alle Finger zappeln*
zehn kleine Zappeltrolle finden's gar nicht dumm.	*Mit den Händen einen Kreis in die Luft malen*
Zehn kleine Zappeltrolle spielen gern Versteck,	*Alle Finger zappeln*
zehn kleine Zappeltrolle sind auf einmal weg.	*Hände hinter dem Rücken verschwinden lassen*
Zehn kleine Zappeltrolle sind schon wieder da,	*Hände kommen langsam wieder hinter dem Rücken hervor*
zehn kleine Zappeltrolle rufen laut Hurra!	*Hände hoch in die Luft strecken*

Die Trollverzauberflöte

Ein musikalisches Bewegungsspiel.
Diese Flöte, so wird gemunkelt, hat die Macht, die Leute im Andersrumland mit ihren Tönen zu verzaubern."

Alter: ab 3 Jahren
Material: Flöte

Die Spielleitung spielt den Zaubergnom mit der Flöte.
Die Minitrolle bilden eine Reihe. Im Kreis gehen ist auch möglich.

🍃 Hohe Töne schnell gespielt: *Minitrolle laufen auf Zehenspitzen durch das Andersrumland*

🍃 Tiefe Töne lang anhaltend gespielt: *Große Trolle stampfen durch das Land*

🍃 Spielpause: *Alle bleiben stehen*

Füßchen auswärts, das ist schön

Als Gag bei diesem Tänzchen drehen die größeren Kinder bei der Zeile „Füße auswärts" vielleicht einfach die Füße nach innen? Und tanzen bei „links" nach rechts und bei „rechts" nach links?

Füßchen auswärts das ist schön
Füßchen auswärts das ist schön
so lasst links im Kreis uns gehn
Füßchen auswärts das ist schön
so lasst rechts im Kreis uns gehn
Setzet immer Fuß bei Fuß
wie man seitwärts gehen muss
Lalalalalala

Ein Gedicht, das sich rhythmisch gesprochen gut für eine kleine Vorführung bei einem fantasievollen Kinderfest eignet. Die Kinder spielen kleine Kobolde. Und dazu passt das folgende Festgewand:

Knuffelkoboldgewand

Der modebewusste Kobold trägt als Festkleidung Bettlaken und Filz ...

Alter: ab 4 Jahren mit Unterstützung
Material: ausgediente Bettlaken, Filz, Jutesäcke (Kartoffel), Schnur, Scheren, Gürtel, verschiedene Socken

Ein rechteckiges Stoffstück entsprechend der Größe der Kinder zuschneiden.

In die Mitte der rechteckigen Stoffbahn wie auf dem Bild gezeigt ein Loch für den Kopf und ein spitzes Dreieck schneiden. Reinschlüpfen. Gürtel oder Kordel um die Taille binden. Zwei verschiedene Socken dazu tragen. Fertig.

Knuffelkoboldmütze

Alter: ab 6 Jahren
Material: Filz, Schere, Stecknadeln, Nähnadeln, Faden

Vorlage so vergrößern, dass sie passt.

Filzstücke doppelt legen.
Den Papierschnitt ausschneiden und mit Stecknadeln auf dem Filz feststecken.
Die Stoffteile mit der Hand an den markierten Seiten zusammenheften.
Dann können die Kinder die beiden Teile richtig zunähen, oder ein Erwachsener macht das mit der Maschine.
Filz kann zur Not aber auch geklebt werden, was auch Kleinere dazu befähigt, ihre Kopfbedeckung selber zu basteln.

Variante: Kragen statt Kapuze
Vorlage vergrößern, Schnitt auflegen, feststecken, Stoff ausschneiden, fertig.

Trolliger Stampf-und Klatschtanz

Trolle sind seltsame Gesellen, und wenn sie tanzen, dann sieht das nicht so wirklich elegant aus. Aber im Stampfen und Klatschen macht ihnen so schnell keiner was vor. Oder? Dieser Tanz ist übrigens sehr bewegungsintensiv, und Trolle mit wenig Kondition geraten schnell außer Puste. In diesem Fall vielleicht in der zweiten Runde nur alle 8 Takte die Richtung wechseln ...

Alter: ab 4 Jahren / mindestens 8 Tänzerinnen
Material: CD Player & Instrumentalmusik von „Oh Susanna"

Die Trolle bilden einen Kreis. Sie stehen mit der rechten Schulter zur Kreismitte.

🍃 Wenn die Musik beginnt, springen sie im Galopp im Kreis herum. Diese Sprünge imitieren den Bewegungsablauf eines Pferdes. Sie bestehen aus einer schnellen Folge sogenannter Galopp-Nachstellschrittchen.

🍃 Alle 4 Takte bleiben die Trolle stehen und klatschen im Rhythmus der Musik zweimal in die Hände. Oder sie stampfen zweimal fest auf den Boden. Sie drehen sich schnell um und galoppieren in die andere Richtung.

Tipp: Rückwärts galoppieren ist einen Versuch wert!

Variante: Große Gruppen mit mehr als 12 Kindern können paarweise im Takt hüpfen und sich vor dem Richtungswechsel alle 4 Takte gegenseitig abklatschen, sich auf die Oberschenkel patschen, gegenseitig an der Nase oder am Ohr zupfen ...

Tolles Trollkostüm

Einfach und drollig: sehr effektvoll für eine Aufführung des Trolltanzes

Material: fleischfarbener Body und Strumpfhose, Kamm, farbiges Haarspray

Klamotten verkehrt herum anziehen, also mit den Nähten nach außen. Haare trollig z.B. in Pink einfärben und auftoupieren. Fertig ist der dolle Troll.

Des Abends, wenn ich früh aufsteh

Volkstümlich überliefert

Dieses Gedicht beschreibt zum Abschluss noch mal sehr schön, wie anders es im Andersrumland zugeht. Die Kinder begleiten mit Gesten und Tönen. Ich habe dazu Vorschläge gemacht, aber vielleicht fallen ihnen ja auch eigene Gesten und Töne dazu ein.

Des Abends, wenn ich früh aufsteh,	*Sich räkeln*
des Morgens, wenn ich zu Bette geh,	*Schlafgeste. Kopf neigen. Hände zusammenlegen und an die Backe halten.*
dann krähen die Hühner, dann gackert der Hahn,	*Gackern und krähen*
dann fängt das Korn zu dreschen an.	*Mit den Füßen trampeln*
Der Troll, der steckt den Ofen ins Feuer,	*Tzzzz machen*
die Frau, die schlägt drei Suppen in die Eier.	*Plitsch platsch machen*
Der Gnom, der kehrt mit der Stube den Besen,	*Wisch, wisch, wisch*
da sitzen die Erbsen, die Kinder zu lesen.	*Pling, plang, plong*
O weh, wie sind mir die Stiefel geschwollen,	*Au, au, au*
dass sie nicht in die Beine rein wollen!	*Kopf schütteln*
Nimm drei Pfund Stiefel und schmiere das Fett,	*Schmierbewegung mit der Hand*
dann stelle mir vor die Stiefel das Bett.	*Hinstellgeste*

Die ewige Andersrum-Geschichte

Alles hat ein Ende. Oder etwa doch nicht? Diese Geschichte erzählt man sich in der Andersrumwelt immer wieder ... und wieder ... und wieder ... ganz ehrlich!

Es war einmal ein Troll,
der hatte sieben Söhne.
Die sieben Söhne sprachen:
„Trollpapa, erzähl uns eine Geschichte."
Und er fing an:
„Es war einmal ein Troll,
der hatte sieben ..."